HORST BLANCK

EINFÜHRUNG IN DAS PRIVATLEBEN

DER GRIECHEN UND RÖMER

DIE ALTERTUMSWISSENSCHAFT

Einführungen in Gegenstand, Methoden und Ergebnisse
ihrer Teildisziplinen und Hilfswissenschaften

WISSENSCHAFTLICHE BUCHGESELLSCHAFT
DARMSTADT

HORST BLANCK

EINFÜHRUNG
IN DAS PRIVATLEBEN
DER GRIECHEN UND RÖMER

WISSENSCHAFTLICHE BUCHGESELLSCHAFT
DARMSTADT

Einbandgestaltung: Studio Franz & McBeath, Stuttgart.

CIP-Kurztitelaufnahme der Deutschen Bibliothek

Blanck, Horst
Einführung in das Privatleben der Griechen und
Römer. — 1. Aufl. — Darmstadt: Wissenschaft-
liche Buchgesellschaft, 1976.
(Die Altertumswissenschaft)
ISBN 3-534-06066-0

Bestellnummer 06066-0

© 1976 by Wissenschaftliche Buchgesellschaft, Darmstadt
Satz: Druckerei A. Zander, 6149 Rimbach
Druck und Einband: Wissenschaftliche Buchgesellschaft, Darmstadt
Printed in Germany
Schrift: Linotype Garamond, 9/11

ISSN 0174-0849
ISBN 3-534-06066-0

Dem Angedenken

des

ATHENAIOS VON NAUKRATIS

INHALT

Einleitung	1
1. Kapitel: Die antiken Quellen	3
A. Schriftliche Quellen	3
a) Literarische Quellen	3
b) Papyri	7
c) Tabulae ceratae, Graffiti	8
d) Inschriften	9
B. Archäologische Quellen	12
2. Kapitel: Das Wohnhaus und seine Einrichtung	14
A. Das griechische Wohnhaus	14
B. Das römische Wohnhaus	30
3. Kapitel: Kleidung, Schmuck, Haartracht	45
A. Griechisch	48
a) Kleidung	48
b) Schmuck	58
c) Haartracht	60
B. Römisch	63
a) Kleidung	63
b) Schmuck	70
c) Haartracht	72
4. Kapitel: Essen und Trinken	78
A. Griechisch	80
B. Römisch	83
5. Kapitel: Einige Aspekte des Familienlebens	88
A. Griechisch	88
a) Die Familie	88
b) Das Kind und seine Erziehung	89
c) Ehe, Hochzeit, Stellung der Frau	93
d) Totenkult	96
e) Haussklaven	100

VIII   Inhalt

B. Römisch 101
   a) Die Familie 101
   b) Das Kind und seine Erziehung 103
   c) Ehe, Hochzeit, Stellung der Frau 106
   d) Totenkult 111
   e) Haussklaven 115

Anhang: Monographische Darstellungen des Privat- und Alltagslebens der Griechen und Römer (Auswahl) 119

Orts- und Sachregister 121

Abbildungen

EINLEITUNG

In allen höheren Kulturen aller Epochen und so auch im griechisch-
römischen Altertum stellt das Privatleben einen wesentlichen Teil der
Existenz eines Menschen dar. Die Grenzen des Privatlebens zu anderen
Bereichen und Manifestationen des Lebens wie etwa zum Berufsleben,
zur Religion und Sitte, zum Staat, zum sozialen Gefüge, in dem der
Einzelne lebt, sind bei ständigen Wechselbeziehungen, indem der eine
Bereich den anderen mehr oder weniger wesentlich mitbestimmt, nie-
mals genau zu ziehen. Das Privatleben selbst ist wiederum die Summe
einer letztlich ebenfalls nie zu bestimmenden Unzahl sich gegenseitig
bedingender Einzelaspekte und Erscheinungen, deren jeweilige wissenschaftliche Erfassung natürlich nicht mit einer allgemein verbindlichen
Methode möglich ist, sondern mit den jeweils eigenen Methoden, die
sich in den entsprechenden Einzeldisziplinen oder -wissenschaften der
— speziell im Hinblick auf die griechisch-römischen Verhältnisse —
Gesamtaltertumswissenschaft entwickelt haben, denen jene Einzelaspekte oder -erscheinungen des Privatlebens zuzuordnen sind. Um dies an
einem Beispiel konkret zu zeigen: einer der wesentlichen Faktoren
innerhalb des Privatlebens ist das Wohnhaus. Die Erforschung der antiken Häuser erfolgt in erster Hinsicht durch die Archäologie mit ihren
eigenen Methoden, wobei das Haus aber selbst schon wieder ein so
großer Komplex ist, daß Vertreter der verschiedenen Unterdisziplinen
der Archäologie je nach der Fragestellung einzeln oder gemeinsam
wirksam werden müssen, etwa der reine Bauforscher, der Kunstarchäo-
loge, der Topograph. Andererseits kann aber das antike Haus — stets
im Hinblick auf das Privatleben — durchaus Gegenstand der Forschung
des Soziologen, des Mediziners oder Hygienikers oder etwa auch des
Religionshistorikers, der sich um die antiken Hauskulte bemüht, werden. Jeder muß seine spezifischen Forschungsmethoden an den Gegenstand, hier das Haus, herantragen. Die Situation ist ähnlich bei fast
allen Teilbereichen des Privatlebens. So ergibt sich aus der Komplexheit des Privatlebens, daß dessen Erforschung nicht als eine festumrisse-
ne Einzeldisziplin innerhalb der Altertumswissenschaft gelten kann
wie etwa die Numismatik, die Epigraphik oder die Bauforschung.
Durch das Thema bedingt, fällt die vorliegende Einführung zwangs-
läufig aus dem Rahmen der übrigen der Reihe Altertumswissenschaft

Einleitung

heraus. Bei dem enormen Fortschritt der Wissenschaft und der entsprechend fast uferlos angewachsenen Literatur im Hinblick auf die verschiedensten Aspekte und Bereiche des antiken Privatlebens in seiner Entwicklung und seinem Wandel von der frühgriechischen bis in die spätantike Zeit bei allen landschaftlich bedingten Unterschieden darf wohl behauptet werden, daß niemand mehr den gesamten Stoff beherrscht, geschweige darzustellen vermag. Das jeweilige Wissen der Zeit umfassend darlegende Handbücher, wie sie um die Jahrhundertwende etwa K. F. Hermann, H. Blümner [1] und J. Marquardt lieferten, sind heute nicht mehr möglich. Namentlich in der fast vollständigen Sammlung der relevanten antiken Schriftquellen behalten diese älteren Werke aber ihren Wert, und so ist auch in vorliegender Einführung auf ausführlicheres Zitieren der literarischen Quellen verzichtet worden. Mehr beispielhaft und unter Auslassung anderer ist im folgenden nur über bestimmte wichtige Teilbereiche des griechischen und römischen Privatlebens referiert worden. Die Abgrenzung des Griechischen vom Römischen ist in vielen Fällen schwierig, und 'römisch' ist öfters mehr im Sinne von 'römerzeitlich' zu verstehen. Daß innerhalb des Griechischen oft einseitig die athenischen Verhältnisse berücksichtigt sind, ist nicht zuletzt durch Quellenlage und Forschungsstand bedingt. Die Angabe der Forschungsliteratur stellt wohlgemerkt eine Auswahl dar, wobei hauptsächlich neuere Literatur und bei dieser wiederum mehr zusammenfassende Werke genannt werden. Dem jeweiligen Spezialisten für die verschiedenen Einzelaspekte wird die Einführung kaum Neues bieten, hoffentlich aber einem am Altertum allgemein interessierten weiteren Leserkreis von Nicht-Spezialisten.

Allen Stellen, die mich durch Zusendung von Bildmaterial unterstützten, sei auch an dieser Stelle gedankt; besonderen Dank schulde ich Frau R. Za-Sponer, die einen Großteil der zeichnerischen Vorlagen zu den Abbildungen anfertigte.

---

[1] H. Blümner, Die römischen Privataltertümer. München 1911. (Handbuch der Altertumswissenschaft. IV, 2, 2.) wird im folgenden zitiert als: Blümner.

1. Kapitel

DIE ANTIKEN QUELLEN

Wenn sich auch unsere heutige Kultur und Zivilisation in einer uns
oft gar nicht bewußten Vielfalt aus antikem Erbe speist, ist es dennoch
eine Tatsache, daß das griechisch-römische Altertum und mit ihm seine
Menschen seit einundeinhalb Jahrtausenden der unwiederbringlichen
Vergangenheit angehören. So ist uns freilich auch das antike Leben, im
öffentlichen, religiösen wie im privaten Bereich, nicht mehr unmittelbar zugänglich wie etwa dem Volkskundler und Ethnologen die Sitten
und Gebräuche heutiger, uns noch so ferner und wesensfremder Völker,
die er aufsuchen, befragen und in ihrem Leben direkt beobachten kann.
Unsere Kenntnis der Antike beruht allein auf den uns in recht unterschiedlicher Vollständigkeit erhaltenen Hinterlassenschaften ihrer
Träger, und die gesamte Altertumswissenschaft ist ein Sammeln, Deu-
ten und Auswerten dieser Hinterlassenschaften oder *Quellen.* In ihrer
Gesamtheit sind diese Quellen nach ihrer Form und ihrem Inhalt so
vielseitig und heterogen wie es das menschliche Leben nun einmal ist,
und fast alle können unter dem einen oder anderen Aspekt auch für
die Erforschung des antiken Privatlebens wichtig sein. Dennoch heben
sich für das Privatleben wie entsprechend auch für andere Teilbereiche
des antiken Lebens aus der Gesamtfülle gewisse Kategorien von Quellen
durch besonders reiche Aussagekraft hervor.

A. Schriftliche Quellen

a) Literarische Quellen

Schon die ältesten uns erhaltenen literarischen Werke der Griechen,
die homerischen Epen Ilias und Odyssee, vermitteln eine große Fülle
das praktische Leben betreffender Einzelheiten, also sog. Antiquaria,
wobei die Ilias als Schilderung der Kämpfe um Troia weniger Aufschlüsse für das Privatleben ergibt als die 'friedliche' Odyssee. Diese
bringt nicht nur Schilderungen aus dem Leben an Höfen großer adeliger
Herren, sondern skizziert auch in der Szene des Besuches von Odys-
seus in Eumaios' Hütte (Od. XIV) Wirkungskreis und Umwelt eines
Sklaven. Bei Homer ist freilich stets zu bedenken, daß Verhältnisse der

4 Die antiken Quellen

heroischen Vergangenheit, also der Zeit der kretisch-mykenischen Kultur, und der eigenen Epoche, des 8./7. Jh. v. Chr., vermischt werden, was endlose Kontroversen bei seinen Interpretationen hervorgerufen hat. Eindeutiger, dazu frei von idealisierenden und oft märchenhaften Zügen wie bei Homer, schildert uns Hesiod in seinen ›Werken und Tagen‹ das Leben und Schaffen der einfachen böotischen Bauern im täglichen und jährlichen Wechsel, wenn auch hier gegenwärtig bleiben muß, daß die Verhältnisse eines bestimmten Standes zu einer bestimmten Zeit in einer bestimmten Landschaft beschrieben werden, die nicht ohne weiteres zu verallgemeinern sein dürften.

Eine ganze Reihe von Namen bestimmter Geräte, Kleidungs- und Schmuckstücke überliefern die Gedichte der Lyriker des 7. und 6. Jh. v. Chr., besonders des Archilochos, des Alkaios und der Sappho, wobei Sapphos Gemeinschaft mit den jungen Mädchen an sich schon einen Teilaspekt des privaten Lebens des Kreises, in dem sie lebt, darstellt. Ungeklärt allerdings bleibt, ob damit eine allgemeingriechische Lebensform dieser Zeit zu fassen ist.

Weit aufschlußreicher als die in der Welt der Götter und Heroen spielenden klassischen attischen Tragödien sind für unseren Themenkreis die Komödien mit ihren aus dem Alltagsleben schöpfenden Inhalten. Hier werden die Eitelkeiten und Schwächen der Zeitgenossen bloßgestellt. Aristophanes, der bei der sonst so ungünstigen Überlieferung stellvertretend für die ganze ältere attische Komödie stehen muß, dürfte gewiß nicht seine Wirkung beim Publikum verfehlt haben, wenn er etwa die Putzsucht der Frauen einmal dadurch charakterisierte, daß er einen langen Katalog der verschiedensten Modeartikel und Schönheitsmittel herunterplappern ließ (Thesmoph. alt. 321). Natürlich war auch damals die Mode kurzlebig, und im späteren Altertum waren viele dieser Artikel gar nicht mehr verständlich, so daß sich die damaligen Scholiasten und Lexikographen bei ihren Erklärungen bereits oft genau so schwer taten wie die heutigen Gelehrten. Bei der richtigen Beurteilung solcher Schilderungen in den Komödien muß man sich freilich auch stets klar darüber sein, daß deren Dichter oft mit dem Mittel der Übertreibung arbeiteten. Die mittlere Komödie des 4. Jh. v. Chr. und dann die neue Komödie mit ihrem bekanntesten Vertreter Menander verlegen die Handlung der Stücke fast ganz in die bürgerliche, private Sphäre, unter Herausbildung fester stehender Typen wie etwa des Parasiten, des Hurenwirtes, des Koches, des reichen Alten usw. Zur Schilderung dieses bürgerlichen Kolorits beinhalten die Stücke Darstellungen von Gastmählern mit Speisen und Trank, der Art und Weise, wie der alte Geizhals sein Geld im Hause versteckt, der reichen Kleidung

Schriftliche Quellen

des jungen Stutzers und Ähnliches, alles natürlich in typisierender
Weise. Die Ungunst der Überlieferung gerade dieser Literaturgattung
wird zu einem gewissen Grade dadurch gemildert, daß späte Gramma-
tiker und Kompilatoren — hier ist besonders der fleißige Athenaios
von Naukratis mit seinen Deipnosophistai (um 200 n. Chr.) zu nennen
— die Komödien gründlich für ihre Zwecke exzerpiert haben und uns
somit eine Fülle von Namen der Gegenstände des täglichen Lebens, wie
etwa von Gefäßen, Kleidungsstücken, Möbeln und auch Nahrungsmitteln (voran der im Hellenismus so hochgeschätzten Speisefische)
überliefern. Auch haben die lateinischen Nachdichtungen und Bearbei-
tungen dieser griechischen Komödien durch Terenz und Plautus die
Schilderungen des Ambientes der Originale im wesentlichen unverän-
dert übernommen.

Den Geschichtsschreibern lag es weniger daran, in ihren Werken auf
alltägliches und privates Leben der eigenen griechischen Welt einzuge-
hen als auf wenig bekannte Sitten fremder Völker. So ist bezeichnenderweise Herodot eine ergiebigere Quelle für Gebräuche und Einrichtungen fremder Völker als für solche der Griechen, und aus dem gleichen
Interesse für das Nichtheimische und -gewohnte hat uns etwa Polybios
die wertvolle Schilderung des eigentümlichen Begräbnisritus der großen
römischen Familien zu seiner Zeit hinterlassen (VI, 53). Auch die bio-
graphische Literatur ist im Grunde an einer ausführlicheren Darstellung
des privaten Lebens einer Einzelpersönlichkeit nicht interessiert, es sei
denn, daß dieses durch Extravaganz oder dergleichen aus dem Rahmen
des Üblichen und Alltäglichen herausfällt. Als Beispiel hierzu kann die
in Plutarchs Leben des Alkibiades (16) mitgeteilte Episode gelten, wie
Alkibiades den Maler Agatharch in seinem Hause einsperrte und ihn
zwang, dieses auszumalen, ja ihn nicht eher freiließ, bis er sein Werk
vollendet hatte. Schon eine zeitgenössische Rede, die unter dem Namen
des Andokides überliefert ist, führte die Geschichte (c. Alcibiad. 17)
als Beispiel der Dreistigkeit des Alkibiades an; die Tatsache aber, daß
ein Privathaus ausgemalt wurde, erregte offenbar gar keine Verwun-
derung oder Anstoß, und man darf daher vielleicht sogar annehmen,
daß ausgemalte Privathäuser im damaligen Athen nicht ungewöhnlich
waren, obgleich sonst alle Schriftquellen darüber schweigen. So wäre
diese Stelle in der Rede gegen Alkibiades ein Beispiel dafür, daß eine
literarische Mitteilung unter Umständen auch einen indirekten allgemeinen Aussagewert haben kann. Überhaupt beinhalten die Werke der
attischen Redner, besonders des Demosthenes und Isokrates, eine Vielzahl wichtiger Bemerkungen zu Aspekten des damaligen Privatlebens,
namentlich zu privatrechtlichen Fragen.

6 Die antiken Quellen

Auch innerhalb der lateinischen Literatur finden sich zahlreiche Werke, die eine ausgiebige Quelle für das Privatleben darstellen, einige sind verglichen mit Griechischem bedeutend reichhaltiger. Hier kann man die Briefe Ciceros an seinen Freund Atticus nennen, in denen Cicero seine persönlichen Tagesprobleme einschließlich der privaten Sphäre so detailliert schildert, daß er für uns die genauest bekannte Persönlichkeit der Antike überhaupt ist. Freilich ist bei der Auswertung dieser reichhaltigen Quelle stets zu untersuchen, inwieweit seine Angaben auf die Allgemeinverhältnisse zu übertragen sind und was nur einen Aussagewert für Cicero selbst und eventuell den Kreis seiner Standesgenossen hat. Auch eine Anzahl von Briefen des jüngeren Plinius, in denen er beispielsweise seinen Tagesablauf (ep. IX, 36) oder seine Villen (ep. II, 17; V, 6; IX, 7; 39) schildert, sind wichtige Quellen für das Leben einer sehr begüterten, ihren literarisch-humanistischen Neigungen lebenden Gruppe, die bis ins späte zweite Jh. n. Chr. auch wesentlich die Kreise des Senats und der höheren Verwaltungsbeamten des Kaiserreichs darstellte.

In eine ganz andere Welt führen uns die Saturae des Petronius, in deren Mittelpunkt die berühmte Cena Trimalchionis steht. Hier wird in unübertroffener Weise eine private Szene im Leben eines zu ungeheuerem Reichtum gelangten Freigelassenen neronischer Zeit geschildert, eines verschwendungssüchtigen Neureichen mit all seinen mißglückenden Ambitionen, es der gebildeten Welt gleichzutun, wodurch eben erst recht seine Unbildung drastisch zum Ausdruck kommt. Über die Darstellung des Treibens bei diesem Gastmahl hinaus ist die Schrift wichtig wegen der genauen Schilderung von Trimalchios Haus mit seinen Einrichtungsgegenständen wie Möbel, Tafelgeschirr, Wandgemälde usw.

'Sittengemälde' ihrer Zeit geben uns die Satiriker, besonders Horaz und Iuvenal, wobei Horaz menschlich überlegen die Schwächen seiner Zeitgenossen mit einem gewissen Witz behandelt, während Iuvenal vom sittenlosen Treiben der zu Reichtum gelangten Schichten der Großstadt Rom angewidert ist. Auch die Epigramme Martials sind in ihrer scharfen Beobachtung der verschiedensten Momente und Aspekte des römischen Alltagslebens eine hervorragende Quelle für das ausgehende erste Jh. n. Chr.

Die erotischen Lehrgedichte des Ovid, Ars amatoria, De medicamine faciei und Remedia amoris, führen uns in die damalige kokette Welt des Frauenlebens und vermitteln uns vielerlei über Kleidung, Schmuck, Kosmetik und dergleichen, während seine Fasti mit ihrem Thema der römischen Feiertage und Feste eine wichtige Quelle auch für religiöse Bräuche privaten Charakters sind.

Schriftliche Quellen 7

Als ein Beispiel für die antike Fachliteratur sei hier das Werk De architectura des in augusteischer Zeit lebenden Vitruv genannt, das die wichtigste literarische Quelle für die antike Privatarchitektur darstellt.

Unter den juristischen Werken sind für Fragen des römischen Privatrechtes von hervorragender Bedeutung die Institutiones des im zweiten Jh. n. Chr. lebenden Gaius, die Grundlage für das umfassende Corpus iuris des Iustanian wurden.

Eine nicht zu unterschätzende Quelle für Dinge des Privatlebens in der späteren Antike stellen viele Werke der Kirchenschriftsteller dar, indem sie in ihren meist polemischen Auseinandersetzungen mit den Sitten ihrer Umwelt das Alltagsleben von den verschiedensten Seiten betrachten.

b) Papyri

Nach dem Überblick über die — nur wichtigsten — als Quellen für das antike Privatleben bedeutenden antiken literarischen Werke, die bekanntlich wie die Gesamtheit der antiken Literatur fast ausschließlich durch mittelalterliche Abschriften überliefert sind, müssen die unmittelbar aus dem Altertum erhaltenen schriftlichen Zeugnisse genannt werden. Zunächst die Papyri: Wenn auch das älteste erhaltene Papyrusfragment in griechischer Sprache in Griechenland selbst — in Derveni (Makedonien) — als Teil eines Grabfundes des 4. Jh. v. Chr. zutage kam, haben sich dank des trockenen Klimas die weitaus meisten Papyri, die freilich in der gesamten klassischen Welt verwendet wurden, in Ägypten, dem wichtigsten Herstellungsland dieses Materials, erhalten. Die dort zu tausenden in mehr oder weniger großen Fragmenten gefundenen Papyri dürften durchaus das genaue Mengenverhältnis der Arten von Aufzeichnungen, zu denen dieser Beschreibstoff benutzt wurde, widerspiegeln. Literarische Papyri sind in der Minderzahl. Neben offiziellen Schriftstücken von Behörden und Eingaben, auch privaterseits, an diese sind es hauptsächlich private Briefe, oft kurze Mitteilungen, Rechnungen, Quittungen, Kaufverträge, Erbverträge, Testamente und dergleichen. Daß solche unmittelbaren Dokumente Quellen größter Ergiebigkeit für das private Leben im hellenistischen und römischen Ägypten darstellen, ist selbstverständlich. Das direkte Lesen und Verstehen der Papyri erfordert natürlich die Spezialkenntnisse des Papyrologen, namentlich die Paläographie, die Kenntnis der antiken Handschriften. Die von den Papyrologen in griechischer Druckschrift erstellten Editionen sind aber der Wissenschaft allgemein zu-

8 Die antiken Quellen

gänglich. Eine gute Vorstellung von den Papyri als Quellen für das Privatleben gibt eine Reihe nützlicher Auswahlsammlungen.

Den besten Überblick über das Gesamtgebiet der Papyrologie vermittelt immer noch L. M i t t e i s — U. W i l c k e n, Grundzüge und Chrestomathie der Papyruskunde. 2 Bde. in 4. Leipzig, Berlin 1912. Von neueren Werken sei genannt O. M o n t e v e c c h i, La papirologia. Torino 1973. Papyrus von Derveni: BCH 86, 1962, 792 ff.; S. G. K a p s o m e n o s, Der Papyrus von Derveni. Gnomon 35, 1963, 222 f. Auswahlsammlungen zum Privatleben: S. W i t k o w s k i, Epistulae privatae Graecae quae in papyris aetatis Lagidarum servantur. 2. Aufl. Lipsiae 1911. G. G h e d i n i, Lettere cristiane dai papiri greci del III e IV secolo. Milano 1923 (Suppl. zu ›Aegyptus‹. Serie divulgazione, sez. greco-romana. 3.). B. O l s s o n, Papyrusbriefe aus der frühesten Römerzeit. Uppsala 1925. A. S. H u n t — C. C. E d g a r, Select Papyri. I. Non-literary Papyri. Private Affairs. London 1952 (The Loeb classical Library. 266.). M. V a n d o n i, Feste pubbliche e private nei documenti greci. Milano 1964. M. N a l d i n i, Il cristianesimo in Egitto. Lettere private nei papiri dei secoli II—IV. Firenze 1968.

c) Tabulae ceratae, Graffiti

Namentlich für kürzere Mitteilungen wie Briefe, Quittungen, Notizen, aber auch für Schreibübungen in der Schule (Abb. 18) bediente man sich als Schreibgrundlage statt des Papyrus auch oft hölzerner Täfelchen, deren eine vertiefte Seite mit Wachs überzogen war, auf der man mit einem Griffel schrieb. Zum Schutz der Schrift wurden zumeist zwei solcher Täfelchen mittels einer Schnur oder eines Scharniers so miteinander verbunden, daß die Schreibflächen innen lagen; man erhielt so ein Diptychon (lat.: tabula duplex). Der bedeutendste Fund solcher Tafeln stammt aus dem Haus des reichen Bankiers und Maklers Lucius Caecilius Iucundus in Pompeji und gibt einen unmittelbaren Einblick nicht nur in die Praxis des damaligen Geldgeschäftes, sondern auch in die Verhältnisse der Waren-, Immobilien- und Mietpreise.

Auch einer in der ganzen antiken Welt verbreiteten Unsitte, nämlich die Wände öffentlicher und privater Gebäude zu bekritzeln, verdanken wir eine unmittelbare Quelle des antiken Alltagslebens. Diese Kritzeleien, sog. Graffiti, beinhalten einfache Namensnennungen, kurze Mitteilungen, Notizen, Abrechnungen, persönlichste Ergüsse von Freude, Liebe und Haß. Allein in Pompeji sind tausende solcher Wand-

Schriftliche Quellen 9

kritzeleien festgestellt, und hier ist diese Inschriftengattung auch am
gründlichsten erforscht worden. Man hat durch sie nicht nur Einblick
gewonnen in Stimmung und Situationen des einzelnen, sondern auch
in das Leben der Allgemeinheit, etwa in Warenpreise und Lebenshaltungskosten, wofür als ein Beispiel auf das Graffito CIL IV, 8566 hingewiesen sei, das die Ausgabenrechnung einer Familie für eine Woche
beinhaltet.

Zu den tabulae ceratae: Der Kleine Pauly, s. v. Diptychon (H. W. G r o ß),
mit weiterer Literatur. Zu den tabulae aus dem Haus des L. Caecilius
Iucundus jetzt grundlegend: J. A n d r e a u, Les affaires de Monsieur
Jucundus. Rome 1974. (Collection de l'Ecole Franç. de Rome. 19.). Vgl.
auch R. E t i e n n e, La vie quotidienne à Pompéi. Paris 1966, 184 ff. Zu
den Graffiti allgemein: H. S o l i n, L'interpretazione delle iscrizioni
parietali. Note e discussioni. Faenza 1970. (Epigrafia e antichità. 2.) Die
pompejanischen Graffiti sind veröffentlicht in CIL IV. Eine Auswahl
bietet W. K r e n k e l, Pompejanische Inschriften. Heidelberg 1963. Zu
den Lebenshaltungskosten in Ponpeji: E t i e n n e, op. cit. 229 ff.

d) Inschriften

Was endlich die Inschriften im engeren Sinne betrifft, so liegt durch
sie ein nach Quantität und Inhalt reichhaltigstes Quellenmaterial für
praktisch alle Bereiche des antiken Lebens vor. Speziell für das Privatleben kommen in erster Hinsicht die von Privatleuten selbst herrühren-
den Inschriften in Betracht, wobei innerhalb des auch hier wiederum
durchaus heterogenen Materials — Grabinschriften, private Weihin-
schriften, Freilassungsinschriften für Sklaven, Schenkungs- und Testa-
mentsinschriften sowie sonstige privatrechtlichen Charakters, Besitzer-
aufschriften auf Gegenständen usw. — die Grabinschriften zahlenmäßig
überwiegen. Wenn auch die meisten dieser Grabinschriften, griechische
wie lateinische, nur den Namen und eventuell eine Gruß- oder Ab-
schiedsformel beinhalten und somit im Grunde wenig ergiebig sind,
entschädigen uns die wortreicheren durchaus, indem sie durch weitere
Angaben z. B. des Sterbealters, der Todesursache, des Berufes, des Standes, der Herkunft, durch Hinweise auf verwandtschaftliche Beziehungen oder auf solche zwischen Herr, Freigelassenen und Sklaven, durch
Aufzählung der Tugenden (und gelegentlich auch der Untugenden!) der
Verstorbenen, der Erwähnung der Kosten für das Grabmal und dergleichen eine solide und von der Forschung in steigendem Maße aus-
gewertete Basis für demographische, soziologische und wirtschaftliche

Untersuchungen bieten. Zudem sind sie ein wichtiges Korrektiv zur literarischen Überlieferung, die zumeist doch nur die Zustände in Athen und besonders bei den lateinischen Schriftstellern in der Stadt Rom selbst berücksichtigt. Neben den Privatinschriften müssen aber auch viele der von öffentlichen Institutionen veranlaßten Inschriften als wichtige Quellen im Hinblick auf das Privatleben gelten. Hier wäre beispielsweise der umfangreiche, in seiner Art einmalige Text des Rechtes von Gortyn zu nennen, der uns das in dieser kretischen Stadt im 5. Jh. v. Chr. geltende Personen-, Familien-, Erb- und Vermögensrecht direkt tradiert. Griechische inschriftliche Urkunden über Bauabrechnungen — besonders bekannt sind solche vom Bau des Erechtheions in Athen und des Asklepiostempels von Epidauros (4. Jh. v. Chr.) — nennen die Löhne, die freie Handwerker wie auch Sklaven für genau definierte Arbeitsleistungen erhielten. So werden auch solche Inschriften in Ergänzung zu anderen literarisch oder inschriftlich überlieferten Warenpreisen und Löhnen zu wichtigen Dokumenten für die Kenntnis des Lebensstandards und der Lebenshaltungskosten bestimmter Berufsgruppen. Eine Gruppe zeitgenössischer attischer Inschriftenstelen dokumentiert den zwangsversteigerten Privatbesitz der Gruppe der Hermenfrevler um Alkibiades mitsamt den erzielten Preisen für die verschiedensten Güter, die von Immobilien über Hausrat, Kleidungsstücke, Nahrungsmittelvorräte sogar bis zu Sklaven reichen. Inschriftlich überlieferte griechische Inventare der in Tempeln aufbewahrten Weihgeschenke nennen eine große Fülle verschiedenster Gegenstände auch des privaten Bereichs mit ihren Bezeichnungen und mehr oder weniger genauen Beschreibungen wie etwa Gefäße, Möbel, Schmuck, Kleidungsstücke usw. Die bekannte große Bronzetafel aus Velleia beinhaltet den lateinischen Text der Vorschriften der Institutio alimentaria der Kaiser Nerva und Traian für ein norditalisches Gebiet und gewährt Einblick in die administrative und praktische Organisation dieses sozialen staatlichen Hilfswerks zur Unterstützung bedürftiger freigeborener Kinder. Als ein weiteres Beispiel öffentlicher, für die Kenntnis des Privatlebens aufschlußreicher Inschriften sei noch auf das in zahlreichen Abschriften im ganzen römischen Imperium publizierten diocletianischen Preisediktes vom Jahre 301 n. Chr. mit seinen staatlich festgesetzten Höchstpreisen für die verschiedensten lebensnotwendigen Güter und Dienstleistungen hingewiesen.

Für einen ersten Zugang zu der umfangreichen Spezialwissenschaft der Epigraphik sei hingewiesen auf G. K l a f f e n b a c h , Griechische Epigraphik. Göttingen 1966. E. M e y e r , Einführung in die lateinische

Schriftliche Quellen 11

Epigraphik. Darmstadt 1973. Gute knappe Übersicht in H. B e n g t s o n , Einführung in die alte Geschichte. 7. Aufl. München 1975, 131 ff. Umfangreiches Handbuch der griechischen Epigraphik: M. G u a r d u c c i , Epigrafia greca. Erschienen 3 Bde. Roma 1967—75. Bd 4 in Vorbereitung. Für die lateinische Epigraphik ist bislang noch nicht ersetzt R. C a g n a t , Cours d'épigraphie latine. 4. Aufl. Paris 1914. Zu den Grabinschriften: G u a r d u c c i , op. cit. Bd 3, 119 ff.; M e y e r , op. cit. 69 ff. Auswahlsammlungen: R. L a t t i m o r e , Themes in Greek and Latin Epitaphs. Urbana 1942. (Illinois Studies in Language and Literature. 28, 1—2.). W. P e e k , Griechische Grabgedichte griechisch und deutsch. Berlin 1960. H. G e i s t — G. P f o h l , Römische Grabinschriften. Gesammelt und ins Deutsche übertragen. München 1969. L. S t o r o n i M a z z o l a n i , Iscrizioni funerarie sortilegi e pronostici di Roma antica. Torino 1973.

Zur demographischen Auswertung der Grabinschriften: H. A r m i n i , Sepulcralia latina. Diss. Göteborg 1916. F. A. H o o p e r , Data from Kom Abou Billou on the Length of Life in Graeco-Roman Egypt. Chronique d'Egypte 31, 1956, 332 ff. L. M o r e t t i , Statistica demografica ed epigrafica. Durata media della vita in Roma imperiale. Epigraphica 21, 1959, 60 ff. J. S z i l a g y i , Beiträge zur Statistik der Sterblichkeit in den westeuropäischen Provinzen des römischen Imperiums. Acta Arch. Hung. 13, 1961, 125 ff. D e r s ., Beiträge zur Statistik der Sterblichkeit in der illyrischen Provinzgruppe und in Norditalien (Gallia Padana). Acta Arch. Hung. 14, 1962, 297 ff. D e r s ., Die Sterblichkeit in den Städten Mittel- und Süditaliens sowie in Hispanien. Acta Arch. Hung. 17, 1965, 309 ff.; 18, 1966, 235 ff.; 19, 1967, 25 ff. H. N o r d b e r g , Biometrical Notes. The Information on Ancient Christian Inscriptions from Rome Concerning the Duration of Life and the Dates of Birth and Death. Helsinki 1963. (Acta Instituti Romani Finlandiae. II, 2.). I. K a j - j a n t o , On the Problem of Average Duration of Life in the Roman Empire. Annales Acad. scientiarum Fennicae. Ser. B, 153, 2. 1968. K. K. É r y , Investigations on the Demographic Source Value of Tombstones Originating from the Roman Period. Alba Regia 10, 1969, 51 ff. W. d e n B o e r , Demography in Roman History: Facts and Impressions. Mnemosyne 26, 1973, 29 ff. M. C l a u s s , Probleme der Lebensaltersstatistiken aufgrund römischer Grabinschriften. Chiron 3, 1973, 395 ff. G. R a e p s a e t , À propos de l'utilisation de statistiques en démographie grecque. Le nombre d'enfants par famille. Ant. class. 42, 1973, 536. Forschungsbericht: C. G a r c i a M e r i n o , Analisis sobre el estudio de la demografia de la antiguedad y un nuevo metodo para la epoca romana. Valladolid 1974. (Studia Archaeologica. 26)

Stadtrecht von Gortyn: M. G u a r d u c c i , Inscriptiones Creticae. Bd 4, Roma 1950, Nr. 72. St. Phiorakes, Ἡ μεγάλη δωδεκάδελτος ἐπιγραφὴ τῆς Γόρτυνος. Herakleion 1973.

Zu den Bauabrechnungen als soziologische Quelle zuletzt: H. L a u t e r ,

Zur gesellschaftlichen Stellung des bildenden Künstlers in der griechischen Klassik. Mit Anhang von I. Semmlinger: Fünf klassische Bauurkunden ins Deutsche übertragen. Erlangen 1974. (Erlanger Forschungen. Reihe A, Geisteswiss. Bd 23.)

Hermokopideninschriften kommentiert von W. K. Pritchett, Attic Stelai. Hesperia 22, 1953, 225 ff.; 25, 1956, 178 ff.

Zu den Tempelinventaren vgl. S. 46 f.

Inschrift von Velleia: CIL XI, 1147.

Zum diocletianischen Preisedikt: S. Lauffer, Diokletians Preisedikt. Berlin 1971. (Texte und Kommentare. 5.) Neue Textedition: M. Giacchero, Edictum Diocletiani et Collegarum de pretiis rerum venalium in integrum fere restitutum e Latinis Graecique fragmentis. Genova 1974. (Pubblicazioni dell'Ist. di Storia antica e Scienze Ausiliari dell'Univ. di Genova. 8.)

B. Archäologische Quellen

Von nicht minderer Bedeutung, oft sogar von unmittelbarerer Aussagekraft als die schriftlichen Quellen sind die direkt aus dem Altertum überkommenen Gegenstände, die mit den Methoden der Archäologie durch Ausgrabungen wiedergewonnen und interpretiert werden. Innerhalb der schier unbegrenzten Mannigfaltigkeit von Gegenständen — oder, wie der Archäologe sagt: Denkmälern —, die irgendwelche Beziehungen zum antiken Privatleben haben, kann man zwei Kategorien scheiden: einmal die Denkmäler, die selbst dem Privatleben dienten in ihrer ganzen Breite vom ausgegrabenen Wohnhaus mit seinen Einrichtungsgegenständen bis zum kleinsten Gerät und persönlichen Utensilien wie Fibeln und Haarnadeln, zum anderen die antiken Darstellungen von Gegenständen oder Szenen des privaten Lebens, wie sie uns namentlich durch die griechische Vasenmalerei, durch etruskische und römische Wandgemälde, durch Mosaiken oder auch durch römische Sarkophagreliefs mit vielen Ausschnitten aus der vita humana in fast unbegrenzter Zahl vorliegen. Oft haben die Monumente entsprechend unserer Unterscheidung einen Doppelcharakter, wie etwa die griechischen Vasen, die selbst Gegenstände des praktischen Alltagsgebrauchs waren, gleichzeitig aber Bildträger für uns aufschlußreicher Darstellungen sind.

Freilich darf bei der Auswertung dieser antiken Darstellungen als Quellen für das Privatleben nicht übersehen werden, daß es Wohlhabende und Minderbemittelte zu allen Zeiten gab, aber das Leben der Armen im Altertum verhältnismäßig selten für darstellungswürdig erachtet wurde und wenn, dann meist in idyllischer oder burlesk kari-

Archäologische Quellen 13

kierender Weise. Nicht jeder Athener des 5. Jh. v. Chr. wird Zeit und Geld gehabt haben, sich bindengeschmückt auf üppigen Klinen dem Gelage und Kottabosspiel hinzugeben, wie es so viele Vasenbilder zeigen. Und ebenso konnte sich in römischer Zeit auch nur eine kleine Oberschicht so reiches Silbergeschirr leisten, wie es sich beispielsweise in der Casa del Menandro in Pompeji gefunden hat. Die große Masse der Bevölkerung aß entweder aus Terra sigillata-Geschirr oder noch gröberer Keramik. Durch die oft einseitige Auswahl der Bildvorlagen zur Illustrierung von römischen Kunst- und Kulturgeschichten, nämlich nur Prunk- und Luxusstücke des Kunsthandwerks vorzustellen, könnte der weniger kritische Leser zur Auffassung verführt werden, daß der allgemeine Lebensstandard entsprechend aufwendig gewesen sei. Gerade unter diesem Aspekt sind die Ausgrabungen ganzer Städte und Siedlungen wichtig; von unvergleichlicher Aussagekraft sind aber die durch den Vesuvausbruch vom Jahre 79 n. Chr. konservierten Städte Pompeji und Herculaneum, da sie uns nicht nur in einmaliger Weise Einblick in die verschiedensten Seiten des damaligen Alltagslebens ermöglichen, sondern auch die ganze Breite der sozialen Abstufungen ihrer Bewohner, die sich wiederum deutlich in deren privater Sphäre niederschlugen, erkennen lassen.

Zur Einführung in die Archäologie: A. R u m p f , Archäologie. 2 Bde. Berlin 1953—56. (Sammlung Göschen. 538—539.) H. G. N i e m e y e r , Einführung in die Archäologie. Darmstadt 1968. M. P a l l o t t i n o , Che cos' è l'archeologia?. Firenze 1968.

2. Kapitel

DAS WOHNHAUS UND SEINE EINRICHTUNG

Unsere Kenntnis des griechischen und römischen Wohnhauses beruht im wesentlichen auf den Resten der ausgegrabenen Bauten selbst. War in früheren Jahren die Untersuchung der Wohnhäuser an verhältnismäßig nur wenigen Grabungsplätzen bei einem allgemein größeren Interesse für öffentliche und sakrale Bauten intensiv betrieben worden — im griechischen Gebiet hauptsächlich in Priene und Olynth, im römischen in den Vesuvstädten und Ostia — so beziehen die archäologischen Unternehmungen jetzt in steigendem Maße auch die Wohnarchitektur ein, weshalb sich das Material ständig stark vermehrt. Das gilt nicht nur für städtische Wohnhäuser der klassischen Kernländer, sondern auch für Bauernhäuser in ländlichen Gebieten sowie für Siedlungen in Randgebieten der griechischen Welt und den römischen Provinzen. Wichtigste Quelle nächst den archäologischen bleiben die Ausführungen Vitruvs zum griechischen (VI, 7, 1—5) und römischen (VI, 3—5) Haus, wobei sein griechisches Haus aber dasjenige der hellenistischen Zeit ist. So sind zwei Erwähnungen des Xenophon (Mem. 3.8.8—10; Oec. 9.2—10) von zeitgenössischen attischen Häusern eine wertvolle Ergänzung, wie andererseits auch gelegentliche Klagen römischer Dichter (Stellen bei Blümner, S. 58, Anm. 3) über die stadtrömischen 'Mietskasernen' für die Verhältnisse nach Vitruv.

Für die Einrichtungsgegenstände des antiken Wohnhauses, namentlich solche aus vergänglichem Material wie beispielsweise die Möbel, kommen als Quellen in erster Hinsicht die bildlichen Darstellungen in Betracht, daneben verstreute Erwähnungen in der antiken Literatur sowie unter den Inschriften besonders die athenischen Hermokopideninschriften. Unter besonders günstigen Umständen haben sich auch einige Originale mehr oder minder gut erhalten, vor allem im trockenen Klima Ägyptens sowie in den Vesuvstädten.

A. Das griechische Wohnhaus

Die Wohnhäuser der geometrischen und früharchaischen Zeit waren einfache Behausungen von einem oder nur wenigen Räumen. Neben Häusern mit ovalem Grundriß ist eine langgestreckte Form mit apsi-

Das griechische Wohnhaus 15

dialem Abschluß häufig vertreten, seltener der schon in helladischer und mykenischer Zeit nachgewiesene rein rechteckige sog. Megaron-Typ, bestehend aus einem Hauptraum mit Herdstelle und einer Vorhalle, die durch vorspringende Zungenmauern, zwischen denen in der Front zwei Stützen (Balken oder Säulen) stehen können, gebildet wird. Eine Vorstellung von der Dachform dieser frühen Häuser, deren Aufbau zumeist aus leicht vergänglichem Material (Holz, luftgetrocknete Lehmziegel oder Lehm mit Flechtwerk) bestand, vermitteln einige kleine in Heiligtümern gefundene Hausmodelle. Danach besaßen die Ovalhäuser ein Walmdach mit Firstbalken, wozu ein zusätzlicher giebelförmiger Rauchabzug treten konnte; das Dach der Rechteckhäuser war ein Giebeldach. Flachdächer, wie sie durch Modelle aus Lemnos und Kreta bezeugt sind, dürften durch das dortige Klima zu erklären sein, indem hier die Hausdächer zum Auffangen des Regenwassers dienten. Die Entwicklung zum mehrräumigen organisch gegliederten Haus, in dem die einzelnen Räume ihre spezifische Funktion erhielten, lag natürlich im rechteckigen Gebäudetyp. Im kleinasiatisch-ionischen Bereich läßt sich seit dem 7. Jh. v. Chr. beobachten, daß sich an einen Rechteckraum mit Vorhalle (Prostas) [1], also das alte Megaron, seitlich weitere Rechteckräume anlegen und sich gemeinsam auf einen Hof hin ausrichten. Ein anderes Schema herrscht auf dem griechischen Festland vor: hier sind mehrere rechteckige, in einer Flucht liegende Räume durch einen quergelagerten Korridor (Pastas) verbunden, der seinerseits auf einen Hof mit weiteren flankierenden Räumen führt. Eine etwas abweichende Entwicklung scheint in Attika stattgefunden zu haben, indem sich ein Rechteckraum direkt zu einem Hof hin öffnet, der seitlich wiederum von zwei rechteckigen Raumeinheiten flankiert wurde.

Für unsere Kenntnis des griechischen Hauses der klassischen Zeit sind die bereits erwähnten Ausgrabungen in Olynth von besonderer Bedeutung gewesen; denn hier ist der Befund insofern günstig, als diese nordgriechische Stadt im Jahre 348 v. Chr. gründlich zerstört und nicht mehr besiedelt wurde, so daß keine späteren Umbauten wie sonst so häufig die Grundrisse der Gebäude verunklären. Der Normaltyp des Hauses in Olynth besteht aus einer Reihe in gerader Flucht nebeneinanderliegender Räume, denen ein sie verbindender Gang (Pastas) quer vorgelagert ist und sich seinerseits auf einen Hof hin öffnet, der, von

[1] Im antiken Sprachgebrauch sind Prostas und Pastas synonym (vgl. Vitruv VI, 7, 1). Typologisch zwischen Prostas und Pastas zu scheiden, ist also moderner archäologischer Sprachgebrauch.

zwei größeren Räumen flankiert, von der Straße Zugang zum Haus bietet. Gelegentliche Reste von Treppen beweisen die Existenz eines zweiten Stockwerkes über dem Pastastrakt. Während die meisten olynthischen Häuser (bei einer Grundfläche von 17 x 17 m) mit geringen Variationen innerhalb eines regelmäßigen rechtwinkligen Straßensystems in diesem Typ erbaut sind (Abb. 1), zeichnen sich wenige andere

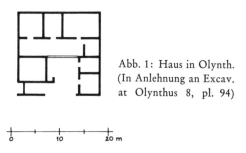

Abb. 1: Haus in Olynth.
(In Anlehnung an Excav.
at Olynthus 8, pl. 94)

durch eine aufwendigere Bauweise und Ausstattung aus, so z. B. das nach einer Mosaikinschrift so benannte Haus der Agathe Tyche (Abb. 2). Hier besitzt der Hof mit einer im Geviert angelegten Säulenstellung bereits die Form eines Peristyls, wie es für die Häuser der hellenistischen Zeit so charakteristisch wird. Einzelne Räume dieses Hauses zeichnen sich durch Kieselmosaik-Fußböden aus. In einem dieser mosaikgeschmückten Zimmer (Abb. 2, a) läuft ein niedriges Podest an den vier Wänden entlang. Auf ihm standen einst die Klinen. So läßt sich dieser Raum mit dem durch die antike Literatur (z. B. Vitruv VI, 7, 5) überlieferten Andron, dem Raum, in dem der Hausherr mit seinen Gästen speiste, identifizieren. Die anderen Zimmer mit Mosaikböden können als Aufenthalts- und Wohnzimmer (Diaiteteria) angesehen werden, während sich die anderen ebenerdigen Räume auf Grund der in ihnen gefundenen Gerätschaften als Küche und Vorratsräume bestimmen lassen. Schlafzimmer und Frauengemächer sind im Obergeschoß anzunehmen (vgl. z. B. Lysias I, 9, p. 92). Daß solche aufwendigen Wohnhäuser — das Haus der Agathe Tyche hatte immerhin eine Grundfläche von ca. 25 m x 16,5 m — nicht etwa auf Olynth beschränkt waren, haben neuere Funde und Untersuchungen beispielsweise auch in Athen und Attika gezeigt. Während die amerikanischen Ausgrabungen bei der athenischen Agora Häuser der klassischen Zeit von mittleren Ausmaßen und offenbar einstmals relativ bescheidener Ausgestaltung aufdeckten (Abb. 3), lagen um die Pnyx Häuser von durchaus respektablen Ausmaßen, und in der modernen Menanderstraße konnten Reste

Das griechische Wohnhaus 17

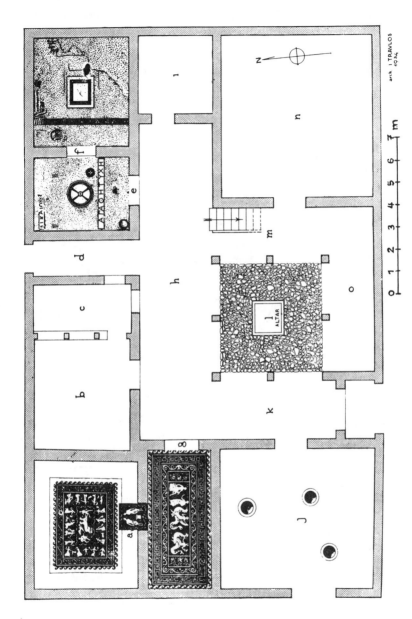

Abb. 2: Haus der 'Agathe Tyche'. Olynth. (Nach Excav. at Olynthus 8, pl. 85.)

eines großen Hauses mit Mosaikfußböden freigelegt werden, die in der Qualität den olynthischen in nichts nachstehen. Auch auf dem attischen Land wurden bei Vari und nördlich des Agaleos-Berges zwei große

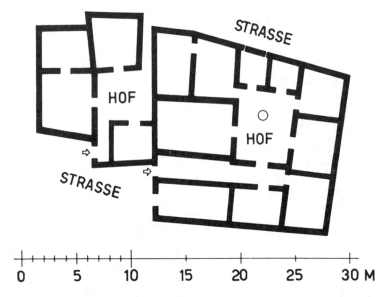

Abb. 3: Häuser bei der Agora. Athen. (In Anlehnung an Agora, Guide to the Excav. fig. 24.)

Bauernhäuser eines entwickelten Pastas-Typs (Abb. 4 u. 5) in den letzten Jahren ausgegraben, von denen das Haus in Vari in seinem Bauverband einen auch bei anderen griechischen Bauernhäusern des öfteren festgestellten mehrgeschossigen Turm aufweist. Die aufwendigen athenischen Häuser, besonders deutlich das Beispiel des Hauses auf der Menanderstraße, zeigen wieder einmal, wie sehr die Wissenschaft durch eine einzelne, in ihrem Inhalt tendenziöse oder falsche literarische Quelle zu allgemein verbreiteten Fehlauffassungen verleitet werden kann; denn auf Grund einer solchen Quelle hellenistischer Zeit (FGH 2. 254: Herakleides) galt es als ausgemacht, daß die athenischen Wohnviertel klassischer Zeit nur aus erbärmlichen Behausungen bestanden, vor denen sich die Tempel und öffentlichen Bauwerke in ihrer Pracht leuchtend abhoben. Auch die bereits oben (S. 5) erwähnte, auf Grund der Anekdote von Alkibiades und dem Maler Agatharch geäußerte Vermutung, daß athenische Wohnhäuser der klassischen Zeit gelegentlich mit Wandmalereien geschmückt waren, erscheint im Hinblick auf

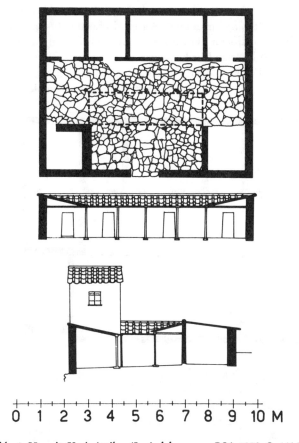

Abb. 4: Haus in Vari, Attika. (In Anlehnung an BSA 1973, S. 441.)

Häuser von der Ausgestaltung desjenigen auf der Menanderstraße nicht zu gewagt, wenn auch hierfür der direkte archäologische Nachweis bislang fehlt, da von den aufgehenden Wänden dieser Häuser infolge späterer Überbauungen zu wenig erhalten ist. Die weitere Entwicklung des griechischen Hauses führte in hellenistischer Zeit dazu, daß bei besonders prächtigen Häusern mehrere Peristylhöfe mit den sie umgebenden Gebäudekomplexen zu einem einzigen Haus zusammengeschlossen wurden. Ein Beispiel hierfür bietet das nach seinem Bodenmosaikschmuck benannte Haus der Masken auf Delos. Vitruvs Beschreibung der aedificia Graecorum bezieht sich, wie erwähnt, auf hellenistische Häuser dieser Entwicklungsstufe. Gerade das Haus der

Masken entspricht so weitgehend den Angaben des römischen Architekturschriftstellers, daß man seinen Grundriß für die Rekonstruktion des vitruvischen aedificium Graecorum, das natürlich ein Idealhaus war, welches je nach Geländebedingungen und Finanzkraft des Bauherrn in der Wirklichkeit mehr oder weniger große Variationen erfuhr, zugrunde legen konnte (Abb. 6). Das Haus besteht aus drei Komplexen: um ein

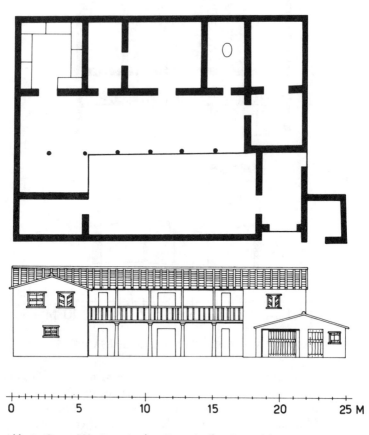

Abb. 5: 'Dema-Haus' am Agaleos-Berg, Attika. (In Anlehnung an BSA 1962, S. 112.)

großes Peristyl sind die Räume der Andronitis angeordnet, also desjenigen Teils des Hauses, der der Repräsentation des Hausherrn dient. Wichtigstes Zimmer ist hier wieder der große Andron, daneben sind u. a. aber auch Räume für ein weiteres Triklinium, eine Bibliothek und eine Pinakothek vorgesehen. Den zweiten Teil des großen Hauses nimmt die Gynaikonitis ein, die dem Aufenthalt und Wirken der Frauen dient. Ebenfalls auf ein Peristyl öffnet sich hier ein großer Raum (Oecus magnus), in dem die Frauen des Hauses ihre Wolle spinnen;

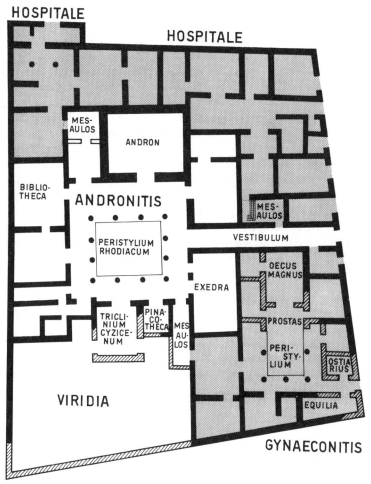

Abb. 6: Schema eines hellenistischen Hauses. (In Anlehnung an JdI 1935, S. 7.)

sonst liegen hier Aufenthalts- (Exedra) und Schlafzimmer (Thalamos und Amphithalamos) sowie ein Stall (Equilia). Im Maskenhaus enthielt die Gynaikonitis dazu Vorratsräume und ein Badezimmer. Im Norden grenzt an die Andronitis eine Reihe von bescheideneren Räu-

22 Das Wohnhaus und seine Einrichtung

men an, das Hospitale, der Gästetrakt. Damit ist vom architektonischen Gesichtspunkt vorläufig die Entwicklung des griechischen Hauses abgeschlossen.

Die Häuser waren natürlich nicht immer nur von der Familie des Besitzers alleine bewohnt. Die griechische Terminologie schied oikiai und synoikiai, d. h. Einfamilienhäuser und Häuser, in denen mehrere Familien lebten, und zwar oft zur Miete. Auch oikiai konnten als Ganzes gemietet werden. Daß Mietwohnungen bzw. Miethäuser beispielsweise in Athen der klassischen Zeit in großer Zahl anzunehmen sind, ergibt sich schon aus der Tatsache, daß die in der Stadt lebenden Fremden keinen Grundbesitz und somit auch keine eigenen Häuser erwerben durften. Wenn man zugrunde legt, daß zu Ende des 4. Jh. v. Chr. etwa 10 000 wehrfähige Metöken in Athen lebten, so waren damals, abgesehen von ärmeren Bürgern, die ebenfalls keinen eigenen Hausbesitz hatten, allein schon für diese große Gruppe von Nichtbürgern Mietwohnungen in annähernd der gleichen Anzahl notwendig. Was die Höhe der Mietpreise und ihr Verhältnis zum Gesamteinkommen betrifft, so ist eine delische Inschrift des 4. Jh. v. Chr. aufschlußreich. Danach erhielt ein Architekt zusätzlich zu seinem Jahresgehalt von 1260 Drachmen ein Wohngeld von 120 Drachmen. Das Wohngeld machte also etwa 10 % des Gesamtgehaltes aus.

Knapper guter Überblick über die Entwicklungsgeschichte des griechischen Hauses: Enciclopedia dell'arte antica, s. v. casa. 4. Grecia e Creta (L. G u e r r i n i). Eine typologische Übersicht über Hausformen des griechischen Raumes vom Neolithikum bis zur archaischen Zeit gibt S. S i n o s, Die vorklassischen Hausformen in der Ägäis. Mainz 1971. Die geometrisch-archaische Zeit dort bes. S. 107 ff. Die vollständigste systematische Erfassung der geometrischen Architektur: H. D r e r u p, Die griechische Baukunst in geometrischer Zeit. Göttingen 1969. (Archaeologia Homerica II O.) Dort auch die gesamte wichtige Literatur. Aus dieser sei noch hervorgehoben: H. D r e r u p, Zum geometrischen Haus. Marburger Winckelmann-Progr. 1962, 1 ff. Besonders aufschlußreiche Einblicke in die geometrische und frQharNchaische Hausarchitektur bieten die allerdings noch nicht abschließend publizierten Ausgrabungen im Bereich von Alt-Smyrna. Hierzu: J. M. C o o k, Old Smyrna 1948—1951. BSA 53/54, 1958/59, 1 ff. E. A k u r g a l, Die Kunst Anatoliens von Homer bis Alexander. Berlin 1961, bes. S. 8 ff.; 182 ff. Zu den Prostas- und Pastas-Häusern: H. D r e r u p, Prostashaus und Pastashaus. Zur Typologie des griechischen Hauses. Marburger Winckelmann-Progr. 1967, 6 ff. Zur besonderen Hausform in Attika: H. L a u t e r - B u f e u. H. L a u t e r, Wohnhäuser und Stadtviertel des klassischen Athen. AM 86, 1971, 109 ff., bes. 119 ff.

Das griechische Wohnhaus

Die Häuser in Olynth sind publiziert: D. M. R o b i n s o n—J. W. G r a -
h a m , The Hellenic House. Baltimore 1938. (Excavations at Olynth.
VIII); D. M. R o b i n s o n , Domestic and Public Architecture. Baltimore
1946. (Excavations at Olynth. XII.)
Wohnhäuser in Athen: Agora: R. S. Y o u n g , An Industrial District of
Ancient Athens. Hesperia 20, 1951, 135 ff., bes. 187 ff. The Athenian
Agora. A Guide to the Excavation and Museum. 2. Aufl. Athens 1962,
116. Pnyx: H. L a u t e r - B u f e u. H. L a u t e r , op. cit. Menander-
straße: J. W. G r a h a m , Houses of Classical Athens. Phoenix (Toronto)
28, 1974, 45 ff. Bauernhäuser in Attika: J. E. J o n e s , L. H. S a c k e t t ,
A. J. G r a h a m , The Dema House in Attica. BSA 57, 1962, 75 ff.
J. E. J o n e s , A. J. G r a h a m , L. H. S a c k e t t , An Attic Country
House below the Cave of Pan at Vari. BSA 68, 1973, 355 ff. J. E. J o n e s ,
Two Attic Country Houses. AAA 7, 1974, 303 ff. J. E. J o n e s , An-
other Country House in Attica. Archaeology 28, 1975, 6 ff. Zu den
Bauernhäusern im gesamtgriechischen Gebiet und zur Frage der Bedeu-
tung des Turmes: J. P e c i r k a , Homestead Farms in Classical and
Hellenistic Hellas. In: Problèmes de la terre en Grèce ancienne. Recueil
de travaux publié sous la direction de M. I. Finley. Paris 1973, 113 ff.
Maskenhaus auf Delos: J. C h a m o n a r d , Les mosaiques de la Maison
des Masques. Paris 1933. (Exploration archéologique de Délos. XIV.)
Verbindung des Grundrisses des Maskenhauses mit Vitruvs Beschreibung
des griechischen Hauses: R. R u m p f , Zum hellenistischen Haus. JdI 50,
1935, 1 ff.
Wohnen zur Miete: A. D r e i z e h n t e r , Zum Wohnen in der Antike.
In: Die antike Stadt und ihre Teilbereiche. Kolloquium Deutsches Archäolog. Inst. Berlin Mai 1974 (Diskussionen zur archäologischen Bauforschung. 1.), 78 ff. Vgl. auch A. K r ä n z l e i n , Eigentum und Besitz im
griechischen Recht des fünften und vierten Jahrhunderts v. Chr. Berlin
1963. (Berliner Juristische Abhandlungen. 8.)

Von griechischen Häusern der vorhellenistischen Zeit ist selten mehr
als die Grundmauern erhalten. Der Grund hierfür ist nicht nur spätere
Abschleppung und Wiederverwendung von Baumaterial, sondern namentlich auch die Tatsache, daß die aufgehenden Mauern in der Regel
über einem Steinsockel aus ungebrannten, luftgetrockneten Lehmziegeln
bestanden, die ebenso vergangen sind wie die hölzernen Teile der Decken-
und Dachkonstruktion. Bezeichnenderweise finden sich die aus ge-
branntem Ton bestehenden resistenten Dachziegel fast stets im Bereich
solcher Häuserreste. So weiß man im Grunde auch nichts über Fenster
in Häusern der archaischen und klassischen Zeit, obgleich ihre Existenz
literarisch sowie durch Reliefs und Vasenbilder bezeugt ist. Nach letz-
teren waren es im Raume hoch angebrachte kleine Luken. Solche sind
dann bei hellenistischen Häusern, etwa den ganz aus Stein gebauten

24   Das Wohnhaus und seine Einrichtung

delischen, auch am Bau häufig zu beobachten. Sie sind auf den Peristyl-
hof gerichtet und zumeist mit Eisengittern verschlossen.

Was sich bei den Ausgrabungen an Einrichtungsgegenständen in den
Häusern findet, ist relativ gering an Zahl, bestand doch vieles wie auch
heutzutage aus leicht vergänglichem Material. Immerhin fand man
beispielsweise in einem Haus aus der ersten Hälfte des 6. Jh. v. Chr. in
Alt-Smyrna eine tönerne Sitzbadewanne, wie überhaupt eigene Badezimmer in der Folgezeit gar nicht selten sind. Neben Sitzbadewannen,
die auch eine Vorstellung von der homerischen Asamanthos geben,
dienten zur Körperwäsche große schalenförmige Becken auf einem
hohen Ständerfuß (Perirrhanteria), die nicht nur original in Häusern
gefunden wurden, sowohl in Marmor wie in einfacher Terrakotta, sondern auch auf zahlreichen Vasenbildern dargestellt sind (Taf. I, Abb. 1).
Sonst duschte man sich auch in Brunnenhäusern außerhalb des Wohnhauses. Die Wasserversorgung hing stark von den jeweiligen örtlichen
Gegebenheiten ab. Wenn fließende Quellen vorhanden waren, konnten
Brunnenhäuser errichtet werden, wie die berühmte Enneakrunos in
Athen, wo die Frauen und Mägde Wasser für den Hausbedarf schöpfen
gingen. In quellarmen Gegenden, wie etwa auf Delos, war man auf
Regen- und Grundwasser, das in Zisternen gesammelt wurde, angewiesen. Fast jedes Haus besaß hier seine eigene Zisterne. Es gab aber auch
bereits im 4. Jh. v. Chr. gelegentlich Häuser mit eigener Fließwasser-
zuleitung, so beispielsweise bei dem erwähnten Bauernhaus am Agaleos-
Berg in Attika. Eigene Toilettenräume und entsprechende Einrichtungen hat es im vorhellenistischen Haus in der Regel offenbar nicht
gegeben. Man bediente sich eines Fäkalientopfes (Amis), dessen Inhalt
oft genug auf der Straße entleert wurde. Was fehlte, war auch eine Heizung der Räume durch feste Öfen oder gar Hypokaustenanlagen, wie
in späteren römischen Bauten (s. S. 40). Man erwärmte sich notdürftig
an offenen tragbaren Kohlebecken (Eschara), die gleichzeitig zum
Kochen und Erwärmen von Speisen benutzt wurden. Den besten Schutz
gegen die Kälte sah man in warmer Kleidung, so wie sie Hesiod (Werke und Tage 536—563) schon empfohlen hatte und es selbst heutzutage
im Süden auf dem flachen Land noch kaum anders ist. In geometrischer
und früharchaischer Zeit bot auch das Herdfeuer in den sog. Herdhäusern den Männern wohlige Wärme. Solche Herdhäuser, isoliert in der
Siedlung stehende Häuser mit einem festgebauten Herd und oft um-
laufenden Sitzbänken, sind bei neueren Ausgrabungen in frühen Ort-
schaften mehrfach beobachtet und einleuchtend als gemeinsamen Opfer-
mahlen dienende Männerhäuser erklärt worden. In jenen Zeiten
entsprachen, wie oft in Frühphasen einer Kultur, religiöse Kult-

Das griechische Wohnhaus

handlungen noch weitgehend den praktischen Erfordernissen des Lebens. Neben diesen bei der Ausgrabung der Häuser meist noch feststellbaren oder zumindest erschließbaren Einrichtungen sind wir für die Kenntnis der aus leicht vergänglichem Holz gefertigten Möbel fast ausschließlich auf schriftliche Quellen und antike Darstellungen, besonders Vasenbilder, Grabreliefs und auch eine Gruppe kleiner beim unteritalischen Lokroi gefundene Terrakottareliefs angewiesen. Wenige originale Stücke hat das trockene Klima Ägyptens und Südrußlands bewahrt. Dazu kommen vereinzelte Exemplare aus Stein oder Bronze. Die bildlichen Darstellungen sind nun aber so zahlreich, daß uns eine Überfülle an Möbelformen bekannt ist; zudem zeigen die Darstellungen deren Funktion. Bedeutend problematischer ist es allerdings in sehr vielen Fällen, literarisch und epigraphisch überlieferte Bezeichnungen mit den verschiedenen Möbeln zu verbinden. Das griechische Mobiliar besteht in seiner Gesamtheit aus einer verhältnismäßig geringen Zahl von Grundformen, die sich oft seit geometrischer Zeit auf den Vasenbildern in ihrer Entwicklung beobachten lassen, eine Entwicklung, die aber nicht ihre Grundkonzeption sondern ihre künstlerische Ausgestaltung und Variation bedeutet. Das wichtigste Möbelstück war die Kline, die die Funktion eines heutigen Bettes und einer Couch hatte. Beim Mahle lagerte der Mann auf ihr, während die Frau — wenn zugegen — saß. Eine Kline bestand aus einem länglich rechteckigen Rahmen mit vier Beinen und einem Gurtgeflecht als Auflage für Kissen und Decken. Auf den Vasenbildern, die natürlich kostbare Stücke wiedergeben wollen, begegnen seit früher Zeit zwei verschiedene Formen der Klinenbeine: reich profiliert gedrechselte, also im Querschnitt runde, und solche, die mit reicher Ornamentik aus einem flachen Brett ausgesägt sind. Ob man in letzterer Variante die literarisch und epigraphisch, so in der erwähnten Inschrift über die Versteigerung des Hausrats der Hermokopiden, überlieferten milesischen Klinen zu erkennen hat, wie behauptet wurde, sei dahingestellt. Dagegen bedeutet die ebenfalls in dieser Inschrift vorkommende Kline amphiknephallos bestimmt eine Kline mit einer Erhöhung an beiden Enden statt des sonst nur erhöhten Kopfendes. Trotz des verbreiteten Ausdruckes Triklinion ist die Dreizahl der Klinen in bildlichen Darstellungen von Gelagen keineswegs obligatorisch; ebenfalls bietet der Andron in ausgegrabenen Häusern oft mehr als drei Klinen Platz. Während der Mahlzeiten stand vor jeder Kline ein kleiner flacher Tisch (Trapeza), meist (bessere Standfestigkeit!) dreibeinig (Tripous), gelegentlich vierbeinig (Tetrapous), auf dem die Speisen standen. Oft befand sich unter dem Tisch

26 Das Wohnhaus und seine Einrichtung

noch ein kleines Schemelchen, auf dem die Schuhe abgestellt wurden und der auch als Fußschemel dienen konnte (Thronos). In späterer Zeit war die Trapeza auch oft rund und ihre Beine liefen in Tierfüße aus. Damit wäre schon das Mobiliar des Andron erschöpft. Sitzmöbel besaßen die Griechen in folgenden Grundformen: ein vierbeiniger, etwa kubischer Schemel (Diphros) ohne Rückenlehne, ein lehnenloser Klappstuhl (Diphros okladias), ein Stuhl mit Rückenlehne (Anaklisis oder Diphros thessalikos) und ein Stuhl mit Rückenlehne und Armstützen, der aber selten in Szenen des häuslichen Bereichs dargestellt ist und wohl als Sitz ursprünglich Götterstatuen und Herrschern vorbehalten war (Thronos). Auch bei diesen Sitzmöbeln zeigen uns die Darstellungen vielfache Variationen und Grade der künstlerischen Ausgestaltung: einfache gerade Beine, gedrechselte Beine, Füße in Form von Tiertatzen, Lehnen, die sich in ihrer Rundung der Körperform des Sitzenden anschmiegen, Lehnen, die in Tierköpfe — oft Schwäne — auslaufen und dergleichen. Vertikal stehende Schränke mit Flügeltüren, etwa als Kleider- oder Geschirrschränke, kannten die Griechen bis in die römische Zeit nicht. Gewänder wurden zusammengefaltet und liegend in Truhen mit einem Klappdeckel (Kibotos, Larnax) aufbewahrt (Abb. 7). Auch Truhen mit mehreren Klappdeckeln und dann wahrscheinlich auch mehreren inneren Kompartimenten sind überliefert. Überhaupt kamen die Kibotoi in den verschiedensten Größen vor bis zu kleinen Schmuckkästchen der Frauen. Geschirr und Geräte standen entweder auf offenen Regalen oder auf einem treppenartigen Ständer (Skeuotheke oder, wenn speziell für Geschirr: Kylikeion), wobei man — nach den Darstellungen zu schließen — Wert darauf legte, daß hier das Geschirr schön paarweise und symmetrisch aufgestellt wurde.

Da das Altertum Polstermöbel in unserem modernen Sinne nicht kannte, der Wunsch nach Bequemlichkeit aber sehr wohl vorhanden war, spielten Kissen, Decken und Teppiche eine große Rolle. Für die griechische Zeit geben uns die Vasenbilder hiervon wieder die beste Anschauung; ihre Bezeichnungen sind literarisch wie inschriftlich überliefert. Auch in den Hermokopideninschriften erscheinen solche Textilien. Das Knephallon war das Kissen oder die Matratze der Klinen. Das Proskephaleion war das Kopfkissen, das aus Wolle, Leinen oder Leder gefertigt sein konnte. Der Tapes konnte ebenso als Überdecke der Klinen wie auch als Bodenteppich Verwendung finden. In einfacheren Verhältnissen dienten statt eines wollenen Teppichs als Bodenbelag billigere Matten aus Stroh oder Binsen (Psiathos). In klassischer Zeit blühte bereits im Orient eine hochstehende Teppichkunst, wie ein originales Stück aus einem Skythengrab des 5. Jh. v. Chr. in Pazyryk

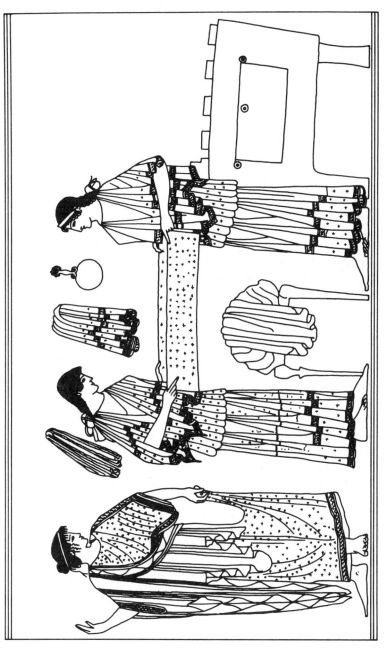

Abb. 7: Frauen beim Zusammenfalten eines Tuches und Wäschetruhe. Vasenbild, einst Collect. De Witte, Paris. (Nach Gerhard, Auserl. Vasenbilder Taf. 301.)

28 Das Wohnhaus und seine Einrichtung

(Altaigebiet) zeigt. Wohl mit Recht hat man die Kieselmosaiken der griechischen Häuser als Imitationen oder besser Umsetzungen echter Teppiche mit oft dem Orient entlehnten Mustern gedeutet. Zur inneren Aufteilung eines größeren Raumes, offenbar gelegentlich auch statt Türen im Inneren eines Hauses dienten Vorhänge, die bunt und exotisch gemustert sein konnten.

Nun gehörte zur Ausstattung eines Wohnhauses natürlich noch eine Vielzahl von Geräten, wobei die Zusammensetzung des Inventars dieser Dinge nicht nur von Vermögen, Geschmack und Bildung des Hausherrn abhing, sondern auch davon, ob es sich um ein reines Stadthaus oder etwa ein Bauernhaus handelte, wenn damals der Unterschied auch nicht so strikt war, da auch Bauern ihr Haus in der Stadt haben konnten. Von diesen Geräten der vielfältigsten Verwendungsbereiche — Lampen, Gefäße, Toilettengegenstände der Frauen, Waffen, Musikgeräte usw. — die nach den Darstellungen zu urteilen oftmals einfach an den Zimmerwänden aufgehängt wurden, sind die tönernen wegen der Beständigkeit ihres Materials, das sich zudem schlecht wiederverwenden läßt, am zahlreichsten erhalten. Von diesen sind wiederum die Gefäße am besten erforscht. Bei griechischen Tongefäßen denkt man wohl zuerst an die bemalten Vasen. Diese sind vom Beginn der eigentlichen griechischen Kunst, also der protogeometrischen Zeit (12. Jh. v. Chr.), bis zum späten 4. bis frühen 3. Jh. v. Chr., als infolge eines Geschmackwandels reliefierte Gefäße an ihre Stelle traten, in übergroßer Zahl und aus verschiedenen Produktionszentren stammend erhalten. Auf Grund der Entwicklung ihrer Formen, besonders aber des Stils ihrer Malereien können sie faktisch vom 6. Jh. an auf etwa 20 Jahre genau datiert werden. Folglich sind sie auch für den Archäologen eine ganz wichtige Datierungshilfe, wenn sie bei Grabungen in nicht gestörtem Zusammenhang mit anderen Denkmälern gefunden werden. Auch für die Datierung von Häusern und Siedlungsresten sind sie natürlich von hervorragender Bedeutung, wie andererseits die Tatsache, daß Reste solcher bemalter Vasen fast bei jeder Ausgrabung eines griechischen Privathauses vorhellenistischer Zeit zutage kommen, deutlich zeigt, daß dieselben hier auch Verwendung fanden und nicht etwa nur Gegenstände des Kultes und Grabbeigaben waren, wie gelegentlich angenommen wurde. Als weitere Bestätigung für den praktischen Gebrauch der bemalten Vasen sind Funde in Brunnen zusammen mit anderem Geschirr sowie auch ihre Darstellung auf Vasenbildern des Alltagslebens zu nennen. Sie waren das Geschirr des gehobenen Gebrauchs. Für einfachere Bedürfnisse verfügte der Grieche auch über einfachere Keramik; in klassischer und hellenistischer Zeit nahmen ganz schwarz

Das griechische Wohnhaus 29

gefirnißte Gefäße, die in ihrer Formschönheit oft durchaus auf der Stufe der bemalten Vasen stehen, eine Mittelstellung ein. Daneben gab es immer als große Vorratsgefäße (Pithoi), Wein- und Ölamphoren, Kochtöpfe und dergleichen eine einfache tongrundige Keramik. Aus Ton konnten auch andere Geräte gefertigt sein wie beispielsweise Spinnwirtel (Spondyloi), der Knieschutz (Epinetron), den die Frauen bei der Aufrauhung des gesponnenen Wollfadens anlegten, Puppen und anderes Spielzeug oder etwa auch Bienenkörbe, die im Bauernhaus bei Vari gefunden wurden. Eine gute Anschauung über das sonstige vielfältige Kleingerät aus griechischen Häusern klassischer Zeit gibt ein ihnen gewidmeter Band der Olynth-Publikation sowie ein solcher für das hellenistische Delos.

Zu den Fenstern in griechischen Häusern: R. H e r b i g , Das Fenster in der Architektur des Altertums. Diss. Heidelberg 1925 (1929). Enciclopedia dell'arte antica s. v. finestra (G. C r e s s e d i). Fenster in Häusern auf Delos: J. C h a m o n a r d , Le quartier du théatre. Paris 1924, 286 ff. (Exploration archéologique de Délos. VIII, 2)
Sitzbadewanne in einem Haus Alt-Smyrnas: E. A k u r g a l , Die Kunst Anatoliens von Homer bis Alexander, S. 84 f. Beispiel für ein Haus mit Badezimmer ist die Maison des Masques auf Delos. Zum griechischen Badewesen jetzt umfassend: R. G i n o u v è s , Balaneutikè. Recherches sur le bain dans l'antiquité grecque. Paris 1962 (Bibliothèque des écoles franç. d'Athènes et Rome. 200.), hier auch Nachweise für die Perirrhanteria.
Zur Enneakrunos, überhaupt die Wasserversorgung in Athen: H. A. T h o m p s o n , Activities in the Athenian Agora: 1955. Hesperia 25, 1956, 46 ff. M. L a n g , Waterworks in the Athenian Agora. Princeton 1968. (Excavations of the Athenian Agora. Picture Book. 11.) Wasserversorgung auf Delos: J. C h a m o n a r d , Le quartier du théatre, S. 330 ff. Im Vorhandensein von Aborten in den Häusern machte Theben wohl eine Ausnahme, vgl. Athenaios X, 417 d.
Zu den tragbaren Kohlebecken: B. A. S p a r k e s , L. T a l c o t t , Pots and Pans of Classical Athens. Princeton 1964 (Excav. of the Athenian Agora. Picture Book. 1), Abb. 44; D. B u r r T h o m p s o n , Ancient Shopping Centre. Princeton 1971 (Excav. of the Athenian Agora. Picture Book. 12), Abb. 14. Inschriftlich überliefert in den Hermokopideninschriften: A. A m y x , The Attic Stelai III, Hesperia 27, 1958, 229 ff., Taf. 49, b, c. Zu den Herdhäusern: H. D r e r u p , Die griechische Baukunst in geometrischer Zeit, S. 123 ff.
Den umfassendsten Überblick über die antiken Möbel, auch deren Darstellung in der Kunst gibt G. M. A. R i c h t e r , The Furniture of the Greeks, Etruscans, and Romans. London 1966. Vgl. ferner Der Kleine Pauly, s. v. Möbel (H. W. G r o s s), mit weiterer Literatur. Ausführlicher Kommentar der in der Hermokopideninschrift genannten Möbel:

30 Das Wohnhaus und seine Einrichtung

W. K. P r i t c h e t t , The Attic Stelai. II. Hesperia 25, 1956, 178 ff., bes.
S. 210 ff. Zu Klinen und Thronen: Enciclopedia dell'arte antica, s. v.
letto (S. D e M a r i n i s). H. K y r i e l e i s , Throne und Klinen. Berlin
1969. (JdI Erg.-Heft. 24.) Zur Truhe: E. B u d d e , Armarium und
κιβωτός. Ein Beitrag zur Geschichte des antiken Mobiliars. Würzburg
1940. Zu den lokrischen Tonreliefs: H. P r u e c k n e r , Die lokrischen
Tonreliefs. Beitrag zur Kultgeschichte von Lokroi Epizephyrioi. Mainz
1968. Mobiliar in griechischen Gelagedarstellungen: B. F e h r , Orientalische und griechische Gelage. Bonn 1971.
Zum Teppich von Pazyryk: U. S c h ü r m a n n , Orientteppiche. Wiesbaden o. J. S. 6. S. I. R u d e n k o , Frozen Tombs of Siberia. The Pazyryk Burials of Iron Age Horsemen. Berkeley 1970. Zur Verwendung
von Teppichen allgemein: K. H o l e s c h o f s k y , Orientteppiche in der
klassischen Antike. Wiener Studien N. F. 3, 1969, 166 ff. Zur Ableitung
der Muster der Kieselmosaiken: F. v. L o r e n z , Βαρβάρων ὑφάσματα.
RM 52, 1937, 165 ff., bes. S. 216 ff.
Aus der überreichen Literatur zu den griechischen Vasen sei nur genannt
A. R u m p f , Malerei und Zeichnung. München 1953. (Handbuch der
Archäologie 6, 4, 1.) P. E. A r i a s , M. Hirmer, Tausend Jahre griechische Vasenkunst. München 1960. E. B u s c h o r , Griechische Vasen.
Neuausgabe. München 1969. R. M. C o o k , Greek Painted Pottery.
2. Aufl. London 1972. Umfassendes Sammelwerk: Corpus Vasorum Anti-
quorum. Von einzelnen Ländern unter Oberaufsicht der Union interna-
tional académique bzw. UNESCO herausgegeben. 1922 ff.
Gefällige Übersicht über die verschiedenen Formen der einfachen Ge-
brauchskeramik aus den Agora-Funden in Athen: B. A. S p a r k e r s ,
L. T a l c o t t , Pots and Pans of Classical Athens.
In Häusern Olynths gefundene Geräte: D. M. R o b i n s o n , Metal and
Minor Finds, an Original Contribution to Greek Life. Baltimore 1941.
(Excavations at Olynth. X.) Delos: W. D e o n n a , Le mobilier délien.
2 Bde. Paris 1938. (Exploration archéologique de Délos. 18.)

B. Das römische Wohnhaus

Bei der Frage nach dem römischen Wohnhaus denkt wohl fast jeder
zunächst an die Atriumhäuser, wie sie uns in den Vesuvstädten Pompeji und Herculaneum in außergewöhnlich guter Erhaltung begegnen.
Die Tatsache, daß dieser Haustyp nicht nur in der Stadt Rom selbst,
sondern eben auch in den Vesuvstädten, und zwar hier bereits in vor-
römischer, samnitischer Zeit (4./3. Jh. v. Chr.) in voller Entwicklung,
wie auch anderswo vertreten ist, zeigt, daß es sich nicht um eine streng
römische, im Sinne von stadtrömisch, vielmehr allgemein altitalische
Hausform handelt. Auf Grund der pompejanischen Häuser, die unter-

Das römische Wohnhaus 31

einander freilich mehr oder weniger große Variationen aufweisen, kann das in Abb. 8 wiedergegebene Grundschema erstellt werden. Man betritt das Haus von der Straße nach Durchschreiten eines kleinen Vorplatzes (Vestibulum), der Haustür und eines schmalen Ganges (Fauces) und gelangt in das Atrium, die große zentrale Halle, die die ganze Anlage des Hauses bestimmt. Sein Charakteristikum ist die Dachöffnung, das Compluvium. Vitruv (VI, 3) unterscheidet nun verschiedene Formen eines Atriums: das Atrium tuscanicum, bei dem das Compluvium nicht von Säulen, sondern nur von einer Balkenkonstruktion im Dach gehalten wird, das Atrium tetrastylum, bei dem vier Säulen am Compluvium die Decke stützen, das Atrium corinthicum, das mehr als vier Stützsäulen hat, das Atrium displuviatum, bei dem die Dachschräge nicht wie sonst nach innen zum Compluvium, sondern nach außen führt, sowie das Atrium testudinatum ohne Compluvium. Dem Compluvium entspricht zum Auffangen des Regenwassers auf dem Boden ein flaches Becken, das Impluvium, von dem das Wasser zumeist in eine darunter befindliche Zisterne geleitet wird. Ein zweiter Kanal zur Ableitung von Schmutzwasser führte auf die Straße. Oft befand sich im Rande des Impluviums die von einem zylinderförmigen Puteal eingefaßte Zisternenöffnung zur Wasserentnahme. Nach Ausweis der Schriftsteller (Stellen bei Blümner S. 29—30) soll das Atrium ursprünglich der eigentliche Aufenthaltsraum des Hauses gewesen sein, hier soll der Herd gestanden haben, hier habe man gespeist und die Frauen sollen hier ihrer Handarbeit nachgegangen sein. In den pompejanischen Häusern ist dieser Zustand allerding nicht mehr nachweisbar. Die großen — bis 12 m x 17 m in Pompeji — und bemerkenswert hohen Atrien wirken hier ganz repräsentativ, doch völlig unwohnlich. In ihnen stand die Arca, die metallbeschlagene, im Boden sicher verankerte Geldkiste und gelegentlich auch eine Porträtherme des Hausherrn, dazu häufig am Rande des Impluviums ein rechteckiger, prunkvoll ausgestalteter Marmortisch (Cartibulum), ein offenbar ins Repräsentative umgestaltetes Relikt aus der Zeit, als das Atrium noch Herdstelle und Küche war. Zu beiden Seiten öffnet sich auf das Atrium je ein türloser Raum (Ala), in dem bei vornehmen Familien die Ahnenbilder aufgestellt sein konnten (Vitruv VI, 3, 6), während bei den meisten pompejanischen Häusern diese Alae offenbar funktionslos waren. Neben diesen Alae lagen Cubicula, ursprünglich Schlafräume. Zwei Räume, die beim Eingang die Fauces flankieren und meist selbst von der Straße zugänglich und dann nach hinten geschlossen sind, wurden meist als Läden oder kleinere Werkstätten vermietet. Den hinteren Abschluß des Atriums bildet das Tablinum, ein Raum, der sich in seiner ganzen

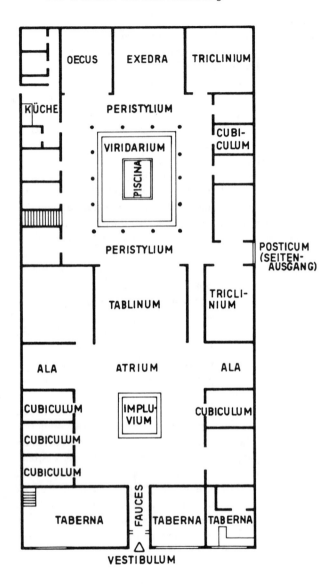

Abb. 8: Schema eines Atriumhauses mit Peristyl.

Das römische Wohnhaus   33

Breite ohne Türen — als Verschluß dienten Vorhänge — zum Atrium öffnet. In alten Zeiten soll im Tablinum das Ehebett des Hausherrn (Lectus genialis) gestanden haben. Als aber später die Schlafräume in andere Teile des Hauses verlegt wurden, erhielt das Tablinum, das auch zu einem dahinterliegenden Garten durch ein breites Fenster oder eine Tür geöffnet war, den Charakter eines repräsentativen Raumes für Empfänge des Hausherrn (Vitruv VI, 5, 1). Speisezimmer war einer der beiden Räume zwischen Alae und Tablinum, wenn man nicht einen Raum des Obergeschosses, das in vielen Atriumhäusern in Form einer Galerie über den Paterreräumen konstruiert war, als solches benutzte. Später ging die Bezeichnung Cenaculum — eigentlich Speiseraum — sogar auf das ganze Obergeschoß über, in dessen Zimmern zumeist Sklaven und Gesinde ihre Unterkunft hatten. Hinter dem Haus lag in frühen Zeiten ein einfacher Garten (Hortus), der durch eine hohe Mauer vom Nachbargrundstück getrennt war. Seit etwa dem 2. Jh. v. Chr. wurde der Garten nach griechischem Vorbild zu einem Peristyl erweitert, um das sich verschiedene Räume legten. Dieser Peristylteil wurde dann der eigentliche Wohntrakt des Hauses, konnte man hier doch anders als im Atriumteil mit seinem strengen altehrwürdigen Bauplan moderner, d. h. nach griechisch-hellenistischen Ideen und freier nach eigenem persönlichen Geschmack seine Räume gestalten und eine intimere Sphäre erreichen. So sind denn in den Vesuvstädten, wo man dies am besten beobachten kann, auch Form, Anlage und Bestimmung der Räume um das Peristyl sehr variabel. Meist finden sich hier die Schlafzimmer, das Speisezimmer (Triclinium), welches oft in den Ruinen noch daran erkenntlich ist, daß die U-förmig angeordneten niedrigen Steinsockel für die Klinen erhalten sind, sowie ein vorne in seiner ganzen Breite geöffneter (Ruhe-)Raum, die Exedra, die oft axial dem Tablinum gegenüberliegt. In einigen Fällen hat das Speisezimmer die Ausgestaltung eines sog. Oecus corinthius, bei dem sich in einer Hälfte des Raumes im Geviert vier Säulen erheben, die ein von der übrigen Zimmerdecke abgesetztes Gewölbedach tragen. Unter diesem standen die Klinen, die von einem Gang hinter den Säulen bedient werden konnten, während im vorderen Teil des Speisesaals ein freier Platz blieb. Man kann sich sehr wohl vorstellen, daß auf diesem den speisenden Gästen unterhaltende Vorführungen dargeboten wurden, sei es seriöser, sei es weniger seriöser Art wie bei Trimalchio. Die Küche, meist mit Abort, und, wenn vorhanden, eine kleine Privattherme wurden in der Regel an einer Seite des Peristyltrakts, wo Ausdünstungen am wenigsten störten, eingerichtet. Gelegentlich besaß das Haus auch hinten einen zusätzlichen 'Dienstboteneingang' (Postica). Die beson-

34 Das Wohnhaus und seine Einrichtung

dere Liebe des Römers galt den Gartenanlagen (Viridarium) im Peristyl mit Gartenfiguren und Springbrunnen, die oft ein kompliziertes Wasserleitungssystem erforderten. Mitunter schloß sich noch ein eigener Garten mit einem langen schmalen Wasserbecken (Euripus) an. Hier im Freien erbaute man sich auch gerne frei stehende Triklinien für den Sommer und genoß beim Mahle das Wassergeplätscher eines nahen Brunnens.

Neben diesen herrschaftlichen Atriumhäusern, deren Vorgeschichte sich erst durch die jüngste archäologische Forschung bei Einbeziehung auch etruskischer Hausgrundrisse zu klären beginnt, kannte der Römer auch andere Haustypen. So wurden beispielsweise in der 273 v. Chr. gegründeten Kolonie Cosa (beim heutigen Ansedonia, Provinz Grosseto) bei neuen Ausgrabungen Häuser etwa aus der Mitte des 3. Jh. v. Chr. aufgedeckt, die nach ziemlich einheitlichem Plan auf jeweils gleich großen Parzellen des regelmäßigen Straßennetzes der Kolonie erbaut worden waren. Bei diesen Häusern, die keine Atriumhäuser waren, gelangte man durch einen von zwei Zimmern flankierten Eingangskorridor in einen Hof, auf den sich zwei weitere Räume öffnen. Hinter diesem liegt die Küche und ein Hortus. Diese Einheitshäuser aus der ersten Zeit der Kolonie wurden dann später im 2. — Anfang 1. Jh. v. Chr. von aufwendigeren Atriumhäusern überbaut. Atriumslose Häuser mit atypischem Grundriß lassen sich aber beispielsweise auch in Pompeji und Herculaneum nachweisen, wo sich andererseits auch beobachten läßt, daß in den Jahren vor der Zerstörung infolge einer gewissen sozialen Umstrukturierung der Bevölkerung manches Atriumhaus für mehrere Mietsparteien aufgeteilt wurde und man auch Tabernae als einfache Wohnungen benutzte. Die zukünftige baugeschichtliche Bedeutung für das antike Wohnhaus lag nun nicht in den einer Familie als Wohnsitz dienenden, auch im Hinblick auf den Baugrund aufwendigen Atriumhäusern, sondern im großen mehrstöckigen Mietshaus. In Großstädten bei knappem Bauareal und großer Einwohnerzahl wurden sie schon früh zur Notwendigkeit. Wahrscheinlich ging in Italien die Entwicklung von der Stadt Rom selbst aus, für die durch die Literatur (Livius 21, 62) schon im späten 3. Jh. v. Chr. dreistöckige Häuser glaubhaft überliefert sind. Daß es bereits auch in den Großstädten des hellenistischen Ostens, etwa im ägyptischen Alexandreia, aus den gleichen Erfordernissen hohe Mietshäuser gab, ist durchaus wahrscheinlich, doch archäologisch noch unerforscht. Den besten Einblick in die Architektur des großen römischen Mietshauses, das im Unterschied zum Einfamilienhaus, der domus, insula genannt wurde, gewinnt man in Ostia. Obgleich hier die Häuser in ihren jeweiligen

Das römische Wohnhaus 31

einander freilich mehr oder weniger große Variationen aufweisen, kann das in Abb. 8 wiedergegebene Grundschema erstellt werden. Man betritt das Haus von der Straße nach Durchschreiten eines kleinen Vorplatzes (Vestibulum), der Haustür und eines schmalen Ganges (Fauces) und gelangt in das Atrium, die große zentrale Halle, die die ganze Anlage des Hauses bestimmt. Sein Charakteristikum ist die Dachöffnung, das Compluvium. Vitruv (VI, 3) unterscheidet nun verschiedene Formen eines Atriums: das Atrium tuscanicum, bei dem das Compluvium nicht von Säulen, sondern nur von einer Balkenkonstruktion im Dach gehalten wird, das Atrium tetrastylum, bei dem vier Säulen am Compluvium die Decke stützen, das Atrium corinthicum, das mehr als vier Stützsäulen hat, das Atrium displuviatum, bei dem die Dachschräge nicht wie sonst nach innen zum Compluvium, sondern nach außen führt, sowie das Atrium testudinatum ohne Compluvium. Dem Compluvium entspricht zum Auffangen des Regenwassers auf dem Boden ein flaches Becken, das Impluvium, von dem das Wasser zumeist in eine darunter befindliche Zisterne geleitet wird. Ein zweiter Kanal zur Ableitung von Schmutzwasser führte auf die Straße. Oft befand sich im Rande des Impluviums die von einem zylinderförmigen Puteal eingefaßte Zisternenöffnung zur Wasserentnahme. Nach Ausweis der Schriftsteller (Stellen bei Blümner S. 29—30) soll das Atrium ursprünglich der eigentliche Aufenthaltsraum des Hauses gewesen sein, hier soll der Herd gestanden haben, hier habe man gespeist und die Frauen sollen hier ihrer Handarbeit nachgegangen sein. In den pompejanischen Häusern ist dieser Zustand allerding nicht mehr nachweisbar. Die großen — bis 12 m x 17 m in Pompeji — und bemerkenswert hohen Atrien wirken hier ganz repräsentativ, doch völlig unwohnlich. In ihnen stand die Arca, die metallbeschlagene, im Boden sicher verankerte Geldkiste und gelegentlich auch eine Porträtherme des Hausherrn, dazu häufig am Rande des Impluviums ein rechteckiger, prunkvoll ausgestalteter Marmortisch (Cartibulum), ein offenbar ins Repräsentative umgestaltetes Relikt aus der Zeit, als das Atrium noch Herdstelle und Küche war. Zu beiden Seiten öffnet sich auf das Atrium je ein türloser Raum (Ala), in dem bei vornehmen Familien die Ahnenbilder aufgestellt sein konnten (Vitruv VI, 3, 6), während bei den meisten pompejanischen Häusern diese Alae offenbar funktionslos waren. Neben diesen Alae lagen Cubicula, ursprünglich Schlafräume. Zwei Räume, die beim Eingang die Fauces flankieren und meist selbst von der Straße zugänglich und dann nach hinten geschlossen sind, wurden meist als Läden oder kleinere Werkstätten vermietet. Den hinteren Abschluß des Atriums bildet das Tablinum, ein Raum, der sich in seiner ganzen

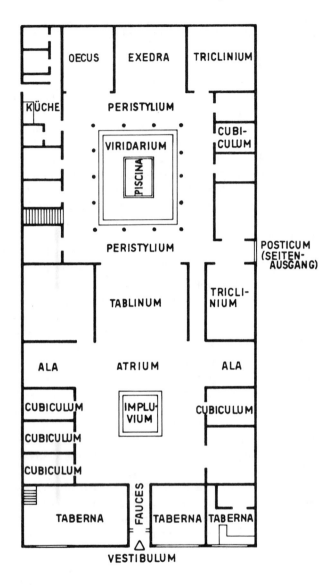

Abb. 8: Schema eines Atriumhauses mit Peristyl.

Das römische Wohnhaus   35

Plänen durchaus variabel sind, lassen sich dennoch bestimmte gemeinsame Konzeptionen feststellen. In vielen Fällen wird das Untergeschoß von einer Reihe von der Straße aus zugänglicher Läden (Tabernae) gebildet, an die sich nach hinten zu einem Hof oder Lichtschacht weitere Räume, Magazine oder bescheidene Behausungen, anschließen können. Zusätzlichen Raum gewann man oft noch dadurch, daß man in den meist sehr hohen Läden eine Zwischendecke aus Holz einzog und ein Mezzaningeschoß erhielt, in dem in vielen Fällen die Ladenbesitzer gewohnt haben mögen. Durch über dem Türsturz vorhandene Fenster bekam dieses Pseudogeschoß genügend Licht. Darüber liegen die eigentlichen Wohnetagen. Diese gliedern sich wiederum in einzelne Appartements, die in den beiden ersten in Ostia erhaltenen Obergeschossen in der Regel drei bis fünf durch den Bauplan in ihrer Funktion nicht festgelegte Zimmer umfassen. Was die Anordnung der Räume eines Appartements zueinander betrifft, so richtet sich diese weitgehend nach den Lichtverhältnissen, die wiederum von örtlichen Gegebenheiten wie etwa der Lage des Hauses in der Straße abhängen. Die zur Straßenseite liegenden Räume erhalten ihr Licht durch große — einst mit Selenit 'verglaste' — Fenster, so daß die hohen Häuser regelmäßige Fassaden erhalten, die außer durch die Fensterreihen zusätzlich durch durchlaufende Balkons (Maeniana) gegliedert sein können (Taf. II, Abb. 2). Die meisten Appartements haben voneinander unabhängige Treppenzugänge direkt von der Straße oder vom Hof her. Die Zimmer besitzen Gewölbedecken und sind recht geräumig, so daß es sich im ganzen um durchaus komfortable Wohnungen handelte. Ungleich einfacher und bescheidener waren dagegen die Wohnverhältnisse in den dritten und vierten Stockwerken, die zwar in Ostia nicht mehr, wohl aber in einem Haus am Abhang des Kapitols in Rom erhalten sind. Danach handelt es sich um eine Aneinanderreihung kleiner enger zellenartiger Räume zu beiden Seiten eines Korridors, in denen das Stadtproletariat (und wohl auch die Sklaven der vermögenderen Familien in den 'piani nobili') hauste. Eine lebhafte Vorstellung dieser Elendswohnungen geben die Klagen der römischen Dichter (Stellen bei Blümner S. 58, Anm. 3). Die Tendenz, das Volumen dieser Mehrfamilienhäuser zu steigern, wirkte sich nicht nur in die Höhe aus, wo durch eine traianische Verordnung mit 60 Fuß (= etwa 18 m) eine Grenze gesetzt war, sondern auch in die Fläche, so daß in Ostia ausgedehnte Wohnblocks entstanden, die ein ganzes Straßengeviert einnehmen und einen großen als Garten gestalteten Platz einschließen, auf dem nochmals zwei isoliert stehende Häuser errichtet sind (sog. Case a giardino. (Abb. 9). Die Wohnungen innerhalb dieses großen Häuserblocks wirken durch ihre

36   Das Wohnhaus und seine Einrichtung

Geräumigkeit und qualitätvolle Innenausstattung in Malerei und Mosaik ausgesprochen signoril und lassen vermuten, daß wir es hier mit einem vornehmeren Residenzviertel zu tun haben. Die verschiedenen Typen der 'Mietskaserne' sind in Ostia im 2. Jh. n. Chr. voll entwickelt und sie bestimmen bis ins 4. Jh. n. Chr. hinein das Bild der Großstädte. Allerdings läßt sich dann in der Spätantike beobachten, daß einzelne vermögendere Personen wieder kleinere, dabei anspruchsvoll ausgestattete Einfamilienhäuser bevorzugen.

Neben Domus und Insula ist als dritter wichtiger Typ innerhalb der römischen Wohnarchitektur die Villa zu nennen. Die Villa rustica, der Gutshof, verband als ländliche Residenz der Großgrundbesitzer die Elemente der Domus mit den Räumlichkeiten und Anlagen, die der landwirtschaftlichen Tätigkeit und Produktion dienten (Magazine, Ställe, Ölpressen, Weinkeller usw.), wobei letztere für den Gesamtbau die bestimmenderen Faktoren sind. Auf dem flachen Land und oft weitab von schützenden Städten gelegen, haben die Villae rusticae nicht selten festungsartigen Charakter. Wohl zuerst an den Küsten Campaniens, am Tyrrhenischen Meer und dann auch im Landesinneren an landschaftlich beherrschenden Stellen errichteten seit dem 2. Jh. v. Chr. Persönlichkeiten aus den wohlhabenden, politisch einflußreichen und hochgebildeten Ständen der Hauptstadt ihre Villen ohne Bezug zu landwirtschaftlicher Tätigkeit, sondern um hier fernab dem Getriebe der Großstadt dem otium zu leben. Solche Villen, wie sie uns etwa durch Cicero oder Plinius d. J. beschrieben werden, waren raffiniert gesteigerte und verfeinerte Domusanlagen. Oft auf einem hohen Unterbau (Basis villae) errichtet, wird nicht nur in der Wahl des Baugeländes, sondern auch in ihrer inneren Gliederung durch axiale Anlagen, Durchblicke und Raumfluchten die Villa in einen ganz bewußten Bezug zur Landschaft gesetzt, so daß Berge, Inseln usw. in die Blickachse von den Ruhe- und Aufenthaltszimmern einbezogen sind. In diesen Villen erreichte die Wohnarchitektur des römischen Herrschaftshauses die höchste Steigerung.

Die Römer haben die Formen ihrer Wohnarchitektur auch in die Provinzen des Imperiums übertragen. Andere klimatische Bedingungen machten hier gewisse bauliche Abwandlungen notwendig, wie andererseits auch Haustypen der einheimischen Bevölkerung beeinflussend wirkten. So bildeten sich Misch- und Sonderformen aus. In Volubilis und Cuicul (Djemila) in den afrikanischen Provinzen Mauretania Tingitana bzw. Numidia sind Wohnhäuser aus römischer Zeit dadurch charakterisiert, daß sich die Wohn- und Wirtschaftsräume auf einen Hof öffnen, während anstelle des Atriumteils hier nur ein verhältnismäßig

Das römische Wohnhaus   37

bescheidenes Vestibül vorgelagert ist. Wie weit hier Einflüsse des griechischen reinen Peristylhauses oder einheimisch-punischer Wohnarchitektur zu fassen sind, läßt sich vielleicht in Zukunft entscheiden, wenn
durch die unlängst begonnenen großen Grabungsunternehmungen in
Karthago die punische Privatarchitektur besser bekannt wird. In Köln
in Niedergermanien sind bei Grabungen am Dom Häuser der frühen
Kaiserzeit aufgedeckt worden, die einen schlichten rechteckigen Hallen-
typ mit Innenunterteilung vertreten. Daß aber die Kraft des Status-
symbols, das eine rein italisch-römische Hausform offenbar beinhalten
konnte, gelegentlich stärker war als Rücksichten auf das Klima, zeigt
beispielsweise das vornehme, ganz mittelmeerländisch wirkende große
Peristylhaus mit dem bekannten Dionysosmosaik in Köln in direkter
Nachbarschaft der genannten Hallenhäuser. Beim feuchten Wetter des
Niederrheins hatte es bestimmt oft erkältete Bewohner. Als Ergänzung
unserer Kenntnisse des großen römischen Miethauses der Kaiserzeit
sind in Ephesos in Ausgrabung befindliche Mehrfamilienhäuser von
besonderer Bedeutung.

In Auswahl aus der großen Fülle an Literatur über das römische Haus
sei genannt: L. C r e m a , Architettura romana. Torino 1959. (Enciclopedia classica. III, 12, 1), 104 ff.; 225 ff.; 308 ff.; 452 ff.; 560 ff.; 604 ff.
Enciclopedia dell'arte antica, s. v. casa. 6. Roma (R. A. S t a c c i o l i),
mit guter Bibliographie. A. G. McK a y , Houses, Villas and Palaces in
the Roman World. London 1975. Die beste Darstellung über Pompeji ist
bis heute, wenn auch in einigen Punkten überholt: A. M a u , Pompeji in
Leben und Kunst. 2. Aufl. Leipzig 1908, das Haus wird daselbst S. 250 ff.
ausführlich behandelt. Leider wenig verbreitet ist die gründliche und
systematische Einführung von A. M a i u r i , La casa a Pompei. Corso
universitario di antichità pompeiane dell'anno 1950/51 a cura di G. O.
Onorato. Napoli 1951. Hingewiesen sei auch auf R. E t i e n n e , La vie
quotidienne à Pompéi. Paris 1966 (deutsch: Pompeji. Das Leben einer
antiken Stadt. Stuttgart 1974). Zum Haus daselbst S. 277 ff. Th. K r a u s ,
L. v. M a t t , Lebendiges Pompeji. Köln 1973; zum Haus daselbst
S. 65 ff.
Zu den Zisternenputealen: E. P e r n i c e , Hellenistische Tische, Zister-
nenmündungen, Beckenuntersätze, Altäre und Truhen. Berlin, Leipzig
1932. (Die hellenistische Kunst in Pompeji. 5.) Zu den Arcae: daselbst
S. 71 ff. Zum Cartibulum: daselbst S. 1 ff.
Eine Porträtherme des Hausherrn fand sich z. B. im Atrium des Hauses
des Bankiers L. Caecilius Iucundus, Abb.: M a u , Pompeji in Leben und
Kunst, Fig. 275.
Zum Oecus corinthius: Vitruv VI, 3, 8—9. Beispiele in Pompeji bieten
die Casa del Laberinto und die Casa di Meleagro: Mau, op. cit. S. 272.
Den besten Eindruck eines Peristylgartens mit Gartenfiguren und Wasser-

Das Wohnhaus und seine Einrichtung

spielen hat man in der Casa dei Vetti in Pompeji. Zu den römischen Gartenanlagen informiert ausführlich P. G r i m a l , Les jardins romains. Paris ²1969. Triklinien im Freien: P. S o p r a n o , I triclini all'aperto di Pompei. In: Pompeiana. Napoli 1950 (Biblioteca della Parola del passato. 4.), S. 288 ff. F. R a k o b , Ein Grottentriklinium in Pompeji. RM 71, 1964, 182 ff. Brunnen als architektonisches Element der Gartengestaltung: H. L a u t e r - B u f e , Zur architektonischen Gartengestaltung in Pompeji und Herculaneum. In: Neue Forschungen in Pompeji und den anderen vom Vesuvausbruch 79 n. Chr. verschütteten Städten. Recklinghausen 1975, 169 ff.

Für die Vorgeschichte des italischen Atriumhauses sind von besonderer Bedeutung die Ausgrabung des Baues der Regia, des Amtsgebäudes des Pontifex Maximus auf dem Forum Romanum, aus der Zeit um 500 v. Chr. sowie etruskischer Wohnhäuser in Acquarossa (Viterbo) und Marzabotto. In der Regia und den Häusern in Acquarossa (6. Jh. v. Chr.) ist ein Haustyp faßbar, der durch drei nebeneinanderliegende Räume mit quer vorgelagertem Vorraum charakterisiert ist. Der Eingang ist axial auf den mittleren Raum dieses Breithauses ausgerichtet. Frühe etruskische Gräber in Cerveteri vertreten eben diesen Typ. Bei den Häusern von Marzabotto, die dem frühen 5. Jh. v. Chr. angehören, lagert sich vor einen Raumkomplex, der faktisch diesem Querhaus entspricht, ein dreiseitig von Räumen eingefaßter Hof. Auch bei diesen Häusern ist der Eingang, nicht anders als beim entwickelten Atriumhaus, wo dem Querhausteil das Tablinum mit den Seitenzimmern entspricht, von der gegenüberliegenden Seite axial auf den Hof und den Mittelraum des Querhausteils gerichtet. Hierzu jetzt ausführlich F. P r a y o n , Frühetruskische Grab- und Hausarchitektur. Heidelberg 1975 (RM Erg.-Heft. 22.) bes. S. 141 ff; 146 f.; 156 ff. Häuser von Acquarossa: C. E. Ö s t e n b e r g , Case etrusche di Acquarossa. Roma 1975. Die literarischen Quellen zum frührömischen Haus sind ausführlich gesammelt und diskutiert von E. W i s t r a n d , Die literarischen Quellen zum altrömischen Haus. Eranos 1970, 191 ff., wobei der Verf. ohne Berücksichtigung des archäologischen Befundes zu durchaus ähnlichen Resultaten gelangt.

Zu den Häusern in Cosa: F. E. B r o w n , Scavi a Cosa-Ansedonia. Bollettino d'Arte 52, 1967, 37 ff. Atriumlose Häuser in Pompeji: A. M a i u r i , La casa a Pompei, S. 87 ff. J. E. P a c k e r , Middle and Lower Class Housing in Pompeii and Herculaneum. A Preliminary Survey. In: Neue Forschungen in Pompeji. Recklingkausen 1975, 133 ff.

Zu den Häusern in Ostia jetzt umfassend: J. E. P a c k e r , The Insulae of Imperial Ostia. Memoirs American Academy Rome 31, 1971. Vgl. hierzu aber die Rezension von H. R i e m a n n , Gnomon 47, 1975, 186 ff. Weitere Literatur in Auswahl: G. C a l z a , Contributi alla storia dell'edilizia nell'impero romano. Le case ostiensi a cortile porticato. Palladio 5, 1941, 1 ff. G. B e c a t t i , Case ostiensi del tardo impero. Bollettino d'arte 34, 1948, 102 ff.; 197 ff. G. G i r r i , La taberna nel quadro

Das römische Wohnhaus 39

urbanistico e sociale di Ostia. Roma 1956 (Diss. Milano 1955). R. C a l -
z a , E. N a s h , Ostia. Firenze 1959. S. 21 ff. R. M e i g g s , Roman Ostia.
2. Aufl. Oxford 1973. S. 234 ff. Zur Ausstattung der Case a giardino:
M. L. V e l o c c i a R i n a l d i , Nuove Pitture ostiensi: La casa delle
ierodule. Rend. Pont. Accad. 43, 1970/71, 165 f. Zu den Insulae in Rom:
A. W o t s c h i t z k y , Hochhäuser im Alten Rom. Innsbrucker Beiträge
zur Kulturwissenschaft 3, 1955, 151 ff. J. E. P a c k e r , La casa di via
Giulio Romano. Bullettino della Commissione Archeologica Comunale
81, 1968—69, 127 ff. W. v. S y d o w , Archäologische Funde und Forschungen Rom 1957—1973. AA 1973, 521 ff., hier S. 559 f.
Zur römischen Villa: Enciclopedia dell'arte antica, s. v. Villa (G. A.
M a n s u e l l i). G. A. M a n s u e l l i , Le ville del mondo romano.
Milano 1958. H. D r e r u p , Die römische Villa. Marburger Winckel-
mann-Programm 1959, 1 ff. D e r s . Bildraum und Realraum in der
römischen Architektur. RM 66, 1959, 147 ff. J. E. S k y d s g a a r d ,
Den romerske villa rustica. København 1961. J. H. D'A r m s , Romans
on the Bay of Naples. A Social and cultural Study of the Villas and
Their Owners from 150 B. C. to A. D. 400. Cambridge Mass. 1970. La
villa romana. Giornata di studi, Russi 10. 5. 1970. Faenza 1971.
Zum Wohnhaus in den römischen Provinzen: R. R e b u f f a t , Maisons
à péristyle d'Afrique du Nord. Répertoire de plans publiés. Mélanges de
l'école francaise de Rome. Antiquité. 1969, 659 ff.; 1974, 445 ff. A. B a -
l i l , La casa en las provincias romanas de África. Boletin del Seminario
de Estudios de Arte y Arqueologia (Univ. de Valladolid) 25, 1959, 25 ff.
D e r s ., La casa romana en Espana. Madrid 1959. D e r s ., Casa y urba-
nismo en la Espana antigua. Erschienen 4 Teile. Valladolid 1970—74.
(Studia archaeologica. 17. 18. 20. 28.) G. P r e c h t , Die Ausgrabungen
um den Kölner Dom. Vorbericht über die Untersuchungen 1969/70. Kölner Jahrb. für Vor- und Frühgeschichte 12, 1971, 52 ff. Rom am Dom.
Ausgrabungen des Römisch-germanischen Museums. Köln 1970. (Schriften-
reihe der Archäologischen Gesellschaft Köln. 16). W. A l z i n g e r , Die
Ruinen von Ephesos. Berlin, Wien 1972. Häuser daselbst S. 73 f. Dazu
Grabungsberichte laufend in: Anzeiger. Österreichische Akademie der
Wissenschaften. Philos.-histor. Klasse.

Verglichen mit dem griechischen Haus der klassischen und hellenistischen Zeit zeigt das römische, wenn wir es in der Entwicklungsstufe
der pompejanischen Domus in den letzten Jahren vor dem Vesuvausbruch betrachten, eine deutliche Steigerung des Komforts. Die meisten
Häuser waren mittels Bleiröhren an das städtische Wasserleitungssystem angeschlossen, hatten also direktes Fließwasser, was übrigens
auch zum Betrieb der vielen großen und kleinen Brunnen und Fontänen
der Gärten genutzt wurde. Eine Latrine war in der Regel in jedem Haus
vorhanden, manchmal mit richtiger Wasserspülung. Auch kleinere Ther-

40   Das Wohnhaus und seine Einrichtung

men, mehrteilig aus Caldarium (Heißwasserbad), Tepidarium (Raum
für lauwarme Luftbäder) und Frigidarium (Kaltwasserbad), sind in
den aufwendigeren Häusern keine Seltenheit. Wie in großen öffentlichen Thermen konnte das Bad mittels einer Hypokaustenanlage, also
einer Heizung, bei der Warmluft unter dem auf niedrigen Stützen ru-
henden Fußboden und hinter Hohlziegeln in den Wänden zirkulierte,
geheizt werden. In Hinsicht dieser Kommoditäten bedeuten die Eta-
genwohnungen der großen Insulae in den kaiserzeitlichen Großstädten
einen Rückschritt. Für Fließwasser bis in die Etagen reichte der Druck
der damaligen Wasserleitungen nicht aus, und die Bewohner mußten
das Wasser an den Brunnen auf den Straßen oder in den Innenhöfen
schöpfen. Latrinen waren für das ganze Haus gemeinsam oder es mußten die öffentlichen Bedürfnisanstalten aufgesucht werden. Luxus und
Aufwendigkeit der großen öffentlichen Thermen werden die fehlenden
Bäder zu Hause ausgeglichen haben.

Als ein Charakteristikum des römischen Hauses gilt in weiten Kreisen die Wandmalerei. Wenn diese Malereien auch in den Vesuvstädten
den imponierenden Eindruck der Häuser wesentlich mitbestimmen
und sich Wandmalereien in bedeutenden Komplexen auch in der Stadt
Rom selbst gefunden haben, kann hier dennoch nicht von einer spezi-
fisch römischen oder gar campanischen Erfindung und Kunstgattung
gesprochen werden. Wandmalereien, infolge schlechter Erhaltungsbe-
dingungen allerdings oft nur in kleinen Fragmenten, finden sich im
gesamten griechisch-römischen Gebiet, außerhalb Italiens beispielsweise
in Athen, auf Delos und in Ephesos, selbst in hervorragender Qualität
im vorrömischen norischen Oppidum auf dem Magdalensberg in Kärnten. So ist „römisch" in Verbindung mit der Wandmalerei der Häuser
allenfalls als Zeitbegriff — wie in vielen anderen Bereichen unseres
Themas — berechtigt. Ein detailliertes Eingehen auf Stil und Inhalt
der Wandmalerei ist im Rahmen unserer Einführung nicht möglich.
Was nun den Einfluß der Wandmalerei auf die Wohnatmosphäre der
Häuser, die meist bis in die letzten Winkel hinein bemalt sind, betrifft,
so ist bemerkenswert und für unseren heutigen Geschmack eher seltsam,
daß — namentlich in den Perioden des sog. 2. und 4. Stils — durch
gemalte Scheinarchitekturen, gestaffelte Gebäudekulissen, Durchblicke
ins Freie und Gartenlandschaften die Zimmerwände und somit die
Innenräume illusionistisch negiert werden. Ein Gefühl wohnlicher Ge-
borgenheit vermitteln die ausgemalten Räume uns nicht. Die figürlichen
Darstellungen, die meist architektonisch gerahmte Bildfelder oder auch
ganze Wände einnehmen, zeigen in der Mehrzahl Sujets aus der griechischen Mythologie, oft in Orientierung an Vorbildern der großen klas-

Das römische Wohnhaus 41

sischen und hellenistischen Kunst. Seltener sind Darstellungen des zeitgenössischen Alltagslebens, ganz selten ist etwas, das einen direkten
Bezug zu den Bewohnern zeigt wie etwa Porträts derselben. Daneben
gibt es freilich häufig rein Dekoratives, als welches auch die beliebten
kleinformatigen Landschaftsbildchen mit Hafenszenen, Villen und
dergleichen zu gelten haben wie auch Stilleben. Auffallend ist — unter
Berücksichtigung der Verhältnisse in den Vesuvstädten —, daß im Re-
pertoire der Darstellungen praktisch kein Unterschied zwischen Pri-
vathäusern und öffentlichen Gebäuden bestand. Seit dem 2. Jh. n. Chr.
läßt sich allenthalben ein ständiges Nachlassen der Qualität der Wandmalerei, gleichzeitig aber ein steigendes Interesse für Bodenmosaiken
beobachten. Zwar werden die hellenistischen Mosaiken in Technik und
Feinheit der Darstellung jetzt nur selten erreicht, trotzdem wirken die
großflächigen und oft figurenreichen Mosaiken der hohen und besonders späten Kaiserzeit durchaus imposant. In einigen spätantiken Villen,
beispielsweise in Daphne bei Antiochia am Orontes, sind sie aber wahre
Meisterleistungen und spiegeln in ihrer klassizistischen Grundhaltung
den verfeinerten Geschmack der Hausbesitzer. Zum Schmuck der Wände tritt im Laufe der Kaiserzeit anstelle von Malerei häufig eine Wand-
verkleidung (Inkrustation) von dünnen, oft farbigen Marmorplatten,
gelegentlich   sogar   mit   figürlicher   Intarsienarbeit   (Crustae,   opus
sectile).
   Die Möbel im römischen Haus sind in ihren Grundformen die gleichen wie bei den Griechen, wobei die dort bereits in hellenistischer Zeit
zu beobachtende Verfeinerung und das Streben nach Eleganz der Form
weiterentwickelt werden. In dieser Tendenz wird auch kostbares Material verarbeitet, wie etwa silbertauschierte Bronze für Klinenteile,
Elfenbein, kostbarer Marmor usw. So sind uns aus Pompeji und Herculaneum   wahre   Kabinettstücke   erhalten.   Freilich   nicht   in   allen
Wohnungen; die Möbel der Armen blieben auch hier roh und bescheiden.
   Die Vorliebe des reichen Römers für kostbares Tafelsilber bleibt bis
in die späteste Spätantike hinein lebendig. Der Prunk hierin, den
Petronius bei Trimalchio karikiert, wird durch reiche Funde, wie beispielsweise den aus der Casa del Menandro in Pompeji, bestätigt. Auch
kostbare Glasgefäße, etwa die sog. Diatretgläser, figürlich geschliffene
Schalen oder Nuppengläser, die offenbar mit bunten Edelsteinen be-
setzte Gefäße imitieren, treten hinzu; einfache Glasgefäße werden
zusehends mehr reines Gebrauchsgut. Das Küchengerät besteht meist
aus Bronze. Das Alltagsgeschirr des Einfachen aber ist seit augusteischer
Zeit die rote Terra sigillata, die anfangs mit glänzender Oberfläche

Das Wohnhaus und seine Einrichtung

und reliefverziert durchaus geschmackvoll ist, aber im Laufe der Jahrhunderte, als große Fabriken u. a. in Gallien entstanden, mehr und mehr vergröberte. Daneben gab es eine Vielzahl lokal verbreiteter Gattungen von Gebrauchskeramik, z. T. äußerst rohes, rauhwandiges Geschirr.

Eine anschauliche Auswahl vom Mobiliar und Hausrat eines Römers der mittleren Kaiserzeit gibt der innen skulpierte Sarkophag von Simpelveld (Holland) auf Taf. II, Abb. 3 u. Taf. III, Abb. 4.

Zur Wasserversorgung: Die Wasserversorgung einer Großstadt wie Rom war ein äußerst kompliziertes, aber hervorragend gelöstes Problem. Wir besitzen hierzu eine fachmännische Schilderung aus der Zeit des Kaisers Nerva (96—98 n. Chr.) durch die Schrift De aquis Urbis Romae des Sextus Iulius F r o n t i n u s. Die Wasserversorgung der Privathäuser unterlag strengen Vorschriften, die aber oft, um kein Wassergeld, das nach dem Querschnitt der Zuleitungsrohre bemessen wurde, bezahlen zu müssen, betrügerisch umgangen wurden. Hierzu F r o n t i n u s, op. cit. II, 105—115. M. H a i n z m a n n, Untersuchungen zur Geschichte und Verwaltung der stadtrömischen Wasserleitungen. Diss. Graz 1973. Die Wasserversorgung von Pompeji ist beschrieben von E. K r e t s c h m e r, Bilddokumente römischer Technik. Düsseldorf 1967, 47 ff.

Eine Privattherme enthält z. B. die Casa del Menandro in Pompeji: A. M a i u r i, La Casa del Menandro, S. 121 ff. Zur Technik und Funktion der Hypokaustenanlagen: G. P r e c h t, in: Römer am Rhein. Ausstellung des Römisch-germanischen Museums Köln 1967. Köln 1967, 99 f. In nördlichen Gegenden wurden auch Wohnräume mit Hypokausten geheizt.

Aus der überreichen Literatur zur römischen Wandmalerei sei in Auswahl auf folgende zusammenfassende Werke hingewiesen: L. C u r t i u s, Die Wandmalerei Pompejis. Leipzig 1929. Neudruck: Darmstadt 1960. F. W i r t h, Römische Wandmalerei vom Untergang Pompejis bis ans Ende des dritten Jahrhunderts. Berlin 1934. Neudruck: Darmstadt 1968. A. R u m p f, Malerei und Zeichnung. München 1953. (Handbuch der Archäologie. 6, 4, 1.). M. B o r d a, La pittura romana. Milano 1958. W. D o r i g o, Pittura tardoromana. Milano 1966. A. M a u lieferte mit seinem Werk Geschichte der decorativen Wandmalerei in Pompeji. Berlin 1882, in dem er zuerst die zeitliche Abfolge von vier Stilen darlegte, die Grundlage für alle spätere wissenschaftliche Beschäftigung mit der Chronologie der Wandmalerei bis zur Zeit der Zerstörung Pompejis. Nach einer anfänglichen Tendenz, in fast allen pompejanischen Figurenbildern Kopien nach berühmten griechischen Originalgemälden zu sehen, schlug diese bald in das Gegenteil um, indem nun in allem typisch Römisches erblickt wurde. Klärend wirkte hier R. B i a n c h i - B a n d i n e l l i, Tradizione ellenistica e gusto romano nella pittura pompeiana. Critica d'Arte 6,

Das römische Wohnhaus

1941, 3 ff. Vgl. auch A. R u m p f , Gnomon 26, 1954, 353. H. L a u t e r -
B u f e , Zur Stilgeschichte der figürlichen pompejanischen Fresken. Diss.
Köln 1967. Zu den Wandmalereien außerhalb Italiens: F. W i r t h ,
Wanddekorationen ersten Stils in Athen. AM 56, 1931, 33 ff. J. C h a -
m o n a r d , Le quartier du theatre. 2 Bde. Paris 1922. (Exploration ar-
chéologique de Délos. VIII.), bes. S. 357 ff. W. A l z i n g e r , Die Rui-
nen von Ephesos, Abb. 65. H. K e n n e r , Wandmalereien aus AA/10 f:
Die Ausgrabungen auf dem Magdalensberg 1969—72. Hrsg. von H. V e t -
t e r s und G. P i c c o t t i n i . Klagenfurt 1973, 209 ff. A. L i n f e r t ,
Die römische Wandmalerei der nordwestlichen Provinzen. Köln 1975.
Weitere Nachweise bei B o r d a , op. cit, S. 5 ff.
Zu den Mosaiken in Auswahl: Enciclopedia dell'arte antica, s. v. mosai-
co (D. L e v i), mit reicher Bibliographie. H. P. L'O r a n g e, P. J. N o r d-
h a g e n . Mosaik. Von der Antike bis zum Mittelalter. München 1960.
Mosaiken in Italien: M. E. B l a k e , The Pavements of the Roman
Buildings of the Republic and Early Empire. Memoirs American Acade-
my Rome 8, 1930. 7 ff.; D i e s . Roman Mosaics of the Second Century
in Italy. Memoirs American Academy Rome 13, 1936, 67 ff.; D i e s .
Mosaics of the Late Empire in Rome and Vicinity. Memoirs American
Academy Rome 17, 1940, 81 ff. E. P e r n i c e , Pavimente und figürliche
Mosaiken. Berlin 1938. (Die hellenistische Kunst in Pompeji. 6.) Serien-
werk: Mosaici antichi in Italia. Roma 1967 ff. Daphne bei Antiochia:
D. L e v i , Antioch Mosaic Pavements. Princeton 1947. Inkrustationen:
Enciclopedia dell'arte antica, s. v. incrostazione (G. B e c a t t i).
T. D o h r n , Crustae. RM 72, 1965, 127 ff. Ein hervorragendes Beispiel
für figürliche Intarsien bietet ein spätantikes Gebäude in Ostia: G. B e -
c a t t i , Edificio con opus sectile fuori Porta Marina. Roma 1969. (Scavi
di Ostia. 6.)
Zu den römischen Möbeln: G. M. A. R i c h t e r , The Furniture of the
Greeks, Etruscans, and Romans. London 1966. A. G r e i f e n h a g e n ,
Bronzekline im Pariser Kunsthandel. RM 45, 1930, 137 ff. E. P e r n i c e ,
Hellenistische Tische, Zisternenmündungen, Beckenuntersätze, Altäre und
Truhen. Berlin, Leipzig 1932. (Die hellenistische Kunst in Pompeji. 5.)
V. S p i n a z z o l a , Le arti decorative in Pompei e nel Museo Nazio-
nale di Napoli. Milano 1927.
Zum Tafelsilber: D. E. S t r o n g , Greek and Roman Gold and Silver
Plate. London 1966. L. B y v a n c k - Q u a r l e s v a n U f f o r d , Zil-
veren en gouden vaatwerk uit de griekse en romeinse oudheid. Alkmaar
1973. Zum Silberschatz der Casa del Menandro: A. M a i u r i , La Casa
del Menandro e il suo tesoro di argenteria. Roma 1933.
Zum Glas: Enciclopedia dell arte antica, s. v. vetro (D. B. H a r d e n),
mit reicher Bibliographie. Dazu in Auswahl: F. F r e m e r s d o r f , Das
naturfarbene sogenannte blaugrüne Glas in Köln. Köln 1958. (Die Denkmäler des römischen Köln. 4.) D e r s ., Römische Gläser mit Fadenauf-
lage in Köln. Köln 1959. (Die Denkmäler des römischen Köln. 5) D e r s .,

Die römischen Gläser mit aufgelegten Nuppen in Köln. Köln 1962. (Die Denkmäler des römischen Köln. 7.). D e r s ., Die römischen Gläser mit Schliff, Bemalung und Goldauflagen aus Köln. Köln 1967. (Die Denkmäler des römischen Köln. 8.) D. B. H a r d e n , The Wint Hill Hunting Bowl and Related Glasses. Journal of Glass Studies 2, 1960, 44 ff. O. D o p p e l f e l d , Römisches und fränkisches Glas in Köln. Köln 1966. Eine gute Übersicht über das römische Gebrauchsgeschirr gibt R. J. C h a r l e s t o n , Roman Pottery. London o. J. Vgl. ferner W. H i l g e r s , Lateinische Gefäßnamen. Bezeichnungen, Funktion und Form römischer Gefäße nach den antiken Schriftquellen. Düsseldorf 1969. (Bonner Jahrbücher. Beiheft 31.)

Einen guten repräsentativen Überblick über das verschiedenste römische Gebrauchsgerät gibt P. L a B a u m e , Römisches Kunstgewerbe zwischen Christi Geburt und 400. Braunschweig 1964. (Bibliothek für Kunst- und Antiquitätenfreunde. 18.)

3. Kapitel

KLEIDUNG, SCHMUCK, HAARTRACHT

Die Kleidung bestand in der griechisch-römischen Antike fast ausnahmslos aus Textilien pflanzlichen (Leinen, Baumwolle) oder tieri-
schen Ursprunges (Wolle, Filz, Seide), also aus Stoffen, die nur unter
extrem günstigen Bedingungen bis heute überdauern konnten. So sind
nur wenige kleine Stoff-Fragmente aus klassischer oder noch früherer
Zeit erhalten, und zwar in südrussischen Gräbern oder gelegentlich auch
anderswo in Kontakt mit Bronzegefäßen infolge der konservierenden
Wirkung der bei der Zersetzung des Metalls entstehenden Verbindungen. Größere Fragmente, mitunter sogar ganze Gewänder aus römischer
und spätantiker Zeit haben in Ägypten die Zeit überdauert. Größere
Bedeutung als die doch verhältnismäßig wenigen und schlecht erhaltenen Originale haben die archäologischen Quellen für unsere Kenntnis
der antiken Kleidung: Gewandstatuen und -statuetten in der Rund-
plastik, Darstellungen auf Reliefs, in Malerei und Mosaik und für die
griechischen Verhältnisse besonders wieder die Vasenmalerei. Hier ist
freilich von Fall zu Fall zu prüfen, ob es sich wirklich um Darstellungen von im Leben der Zeit tatsächlich getragener Gewänder handelt
oder etwa um historisierende Darstellungen oder solche aus der Götter-
und Heroenwelt, in denen die Figuren auch in ihrer Gewandung ideali-
siert erscheinen können. Ferner ist zu berücksichtigen, ob es sich um
Gewänder handelt, die im Privatleben getragen wurden oder etwa
um besondere offizielle Staatstrachten. Besonders im Hinblick auf
die Kleidung der Römer ist zu bedenken, daß die überaus zahlreich erhaltenen Togastatuen in ihrer stereotypen Haltung und
Drapierung ein durchaus verfälschtes Bild von der Alltagstracht
vermitteln können; denn Alltagstracht war die Toga in der Kaiserzeit,
aus der die Menge dieser Statuen stammt, gar nicht mehr. Wohl läßt
man sich in ihr porträtieren, um selbstbewußt als römischer Bürger
zu erscheinen. Andererseits sind fast ausnahmslos alle Gewandstatuen römischer Damen mit zeitgenössischen Porträts versehene
Wiederholungen ganz bestimmter, beliebter Statuen der griechischen
Kunst von der frühen Klassik bis in den Hellenismus, die über Form
und Drapierung der von den Römerinnen tatsächlich getragenen
Kleider gar nichts aussagen. Darstellungen beispielsweise auf Sarkophagen mit Szenen der Vita humana und Genrebilder in der

Wandmalerei sind dagegen bessere Quellen für die Gewandung der Römer.

Neben den archäologischen sind die schriftlichen Quellen von besonderer Wichtigkeit. Für die frühe griechische Zeit ist auch in Fragen der Kleidung Homer die ergiebigste Quelle, häufige Erwähnungen, auch von Schmuck, bieten die frühen Lyriker und unter den Historikern hat Herodot (V, 87 f.) eine wichtige Nachricht über einen Wechsel der Frauentracht im archaischen Athen überliefert, Livius die Lex Oppia gegen den Kleiderluxus der Römerinnen (34, 1 f.). Die meisten Erwähnungen enthalten aber wiederum die Stücke der Komiker, für die Kleiderluxus und Putzsucht ein stets wirkungsvolles Thema waren. Unter den Lexikographen, die aus den Komödien hauptsächlich schöpfen, ist für die antike Kleidung besonders reichhaltig das im 2. Jh. n. Chr. verfaßte Onomastikon des Pollux (bes. VII, 37 ff.). Dinge der Kleidung und des Schmucks sind, wieder hauptsächlich unter dem Aspekt der Putzsucht, ein mit Vorliebe von den Satirikern aufgenommener Stoff; gleichsam ihre Erben darin sind die Kirchenschriftsteller, unter denen beispielsweise Gregor von Nazianz eine ganze Mahnpredigt κατὰ γυναικῶν καλλωπιζομένων in elegischem Versmaße verfaßte und dabei aus der reichen Topik dieses in der antiken Literatur seit frühester Zeit so beliebten Themas schöpfte.

Gewänder und Schmuckstücke wurden häufig als Weihgeschenke an Gottheiten in deren Tempeln deponiert. In verschiedenen Heiligtümern erstellte die Tempelverwaltung beim Amtswechsel Übergabeurkunden, d. h. Inventarlisten, in denen die einzelnen Weihgeschenke mehr oder weniger genau beschrieben aufgeführt sind, bei Gegenständen aus Edelmetall sehr oft auch mit der Gewichtsangabe. Solche Tempelinventare sind aus mehreren Heiligtümern inschriftlich erhalten und stellen für Gegenstände der Kleidung und des Schmuckes hervorragend wichtige Quellen dar. Während für Schmuck aus Edelmetall besondere Bedeutung die Inventare der athenischen — hier besonders des Hekatompedon im Parthenon —, eleusinischen und delischen Tempel haben, stellen die Listen des Heiligtums der brauronischen Artemis, der die Frauen nach der Niederkunft Gewänder darbrachten, eine wahre Fundgrube für Bezeichnungen der verschiedensten Gewandformen und -muster dar. Dazu treten ein Inventarbruchstück des samischen Heraions und das Verzeichnis des Demetertempels von Tanagra. Diese Tempelinventare reichen von 434 v. Chr. (Parthenon) bis in die hellenistische Zeit, die der brauronischen Artemis datieren von 352 bis etwa 330 v. Chr.

Während, wie bemerkt, für die antiken Gewänder primäre Quellen wenig relevant sind, sind antiker Schmuck und Kleidungszubehör wie

Kleidung, Schmuck, Haartracht 47

Fibeln, Gürtelschnallen, Gewandnadeln usw. seit geometrischer Zeit in originalen und oft hervorragenden Stücken aus wertvollen Materialien in zahlreichen Grabfunden erhalten. Auch von Kleidungsstücken aus Leder (Schuhe, Gürtel) ist — zwar im Verhältnis des einst Vorhanhandenen sehr wenig — manches Stück aus Ägypten, dem Pontusraum und durch Brunnenfunde in Germanien original erhalten.

Zu den erhaltenen Textilien: A. F. K e n d r i c k , Catalogue of Textiles from Burying-Grounds in Egypt (Victoria and Albert Museum). 3 Bde. London 1920—22. O. W u l f f, W. F. V o l b a c h , Spätantike und koptische Stoffe aus ägyptischen Grabfunden in den Staatlichen Museen, Kaiser Friedrich Museum, Ägyptisches Museum, Schliemann Sammlung. Berlin 1926. H. S c h a e f e r , Hellenistic Textiles in Northern Mongolia. AJA 47, 1943, 266 ff. D. S. G e r t s i g e r , Antique Textiles in the Hermitage. In: Pamjatniki antičnogo prikladnogo iskusstva. Leningrad 1973, S. 71 ff. (mit engl. Resumé). Beispiele für durch Bronzesalze konservierten Stoff: H. B l o e s c h , B. M ü h l e t a l e r , Stoffreste aus spätgeometrischen Gräbern südlich des Westtores von Eretria. Antike Kunst 10, 1967, 130 ff. Eine ca. 2 m x 0,50 m große Leinenbahn wurde in einer bronzenen Urne aus dem 5. Jh. v. Chr. in Eleusis gefunden: Illustrated London News 13. Nov. 1954.

Zur Schrift des Gregor von Nazianz sei hingewiesen auf die neue Ausgabe von A. K n e c h t , Gregor von Nazianz, Gegen die Putzsucht der Frauen. Heidelberg 1972, die einen ausführlichen motivgeschichtlichen Überblick des Themas bietet.

Zu den Tempelinventaren: H. L e h n e r , Über die athenischen Schatzverzeichnisse des IV. Jahrhunderts. Bonn 1890. M. G u a r d u c c i , Epigrafia greca. Bd 2. Roma 1969, S. 189 ff. Braøronische Inventare: IG I² 386/7; IG II² 1514—1531. T. L i n d e r s , Studies in the Treasure Records of Artemis Brauronia Found in Athens. Stockholm 1972. (Skrifter utgivna av svensk Institutet i Athen. 4° XIX.) Auch bei neueren Ausgrabungen im Artemisheiligtum in Brauron selbst (L i n d e r s , op. cit. S. 3, Anm. 18) wurden Inschriftlisten gefunden, die aber noch unpubliziert sind. Bei einigen der in Athen gefundenen Inschriften für die Brauronische Artemis ist es schwer zu entscheiden, ob sie sich auf Schätze der Brauronischen Artemis in Athen oder des Heiligtums in Brauron beziehen, eine Frage, die aber im Hinblick auf die erwähnten Gewandstiftungen zunächst zweitrangig ist. Zum samischen Inventar jetzt: D. O h l y , Die Göttin und ihre Basis. AM 68, 1953, 25 ff., bes. 33 ff.; 44 ff. Zum Tempel in Tanagra: Th. R e i n a c h , Un temple élévé par les femmes de Tanagra. REG 12, 1899, 53 ff. Die Inventare wurden im Hinblick auf Schmuck (Halsschmuck) ausgewertet von I. B l a n c k , Studien zum griechischen Halsschmuck der archaischen und klassischen Zeit. Diss. Mainz 1973. Köln 1974.

Zu Lederfunden: H. F r a u b e r g e r , Antike und frühmittelalterliche

Fußbekleidungen aus Achmim-Panopolis. Düsseldorf 1896. A. L. B u s c h , Die römerzeitlichen Schuh- und Lederfunde der Kastelle Saalburg, Zugmantel und Kleiner Feldberg. Saalburg-Jahrbuch 22, 1965, 158 ff.

A. Griechisch

a) Kleidung

Im folgenden seien die wichtigsten Gewänder der Griechen in ihren Grundformen beschrieben. Bei allen — wenigstens in klassischer Zeit — ging man von einem rechteckigen Tuch aus, so wie es vom Webstuhl kam, oder wenn die Breite des Webstuhls nicht ausreichte, durch Zusammennähen mehrerer Stoffbahnen erzielt wurde. Für das Frauengewand, den Peplos aus Wolle — die Hestes doris des Herodot (V, 87) — brauchte das Rechtecktuch nicht weiter zugeschneidert zu werden. Zunächst wurde es etwa am Ende des oberen Drittels einmal wagerecht gefaltet und dann so um die Trägerin gelegt, daß der Überschlag (Apoptygma) nach außen auf Rücken und Brust fiel, wobei die ge-

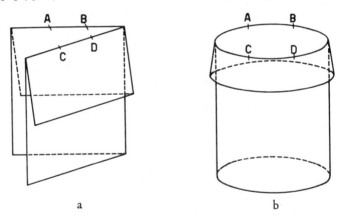

Abb. 10: Schema des Peplos. a) offener Peplos. b) geschlossener Peplos.

schlossene Seite des Tuches (meist) an der linken Körperseite lag. Durch Fibeln oder Gewandnadeln (Peronai) wurde nun die obere Kante so zusammengesteckt, daß ein Hals- und ein rechtes Armloch entstanden; an der linken Seite zeigte dieser Peplos folglich unten zwei, in Höhe des Überschlagens vier Tuchkanten (Schema: Abb. 10, a; Vasenbild: Taf. III, Abb. 5). Um statt eines solchen an einer Körperseite offenen Peplos einen solchen, der ringsum geschlossen ist, zu erzielen, ging man vor der Drapierung und Heftung von einem an der Längskante zusammengenähten, also röhrenförmigen Tuch aus, das dann ebenfalls mit Überschlag versehen und in der gleichen Art wie der offene Peplos geheftet wurde (Schema: Abb. 10 b).

Die zweite Grundform, der Chiton — die Ias hestes des Herodot (V, 87) — wurde sowohl von Männern wie Frauen getragen und bestand aus Leinentuch. Auch hier ging man wie beim geschlossenen Peplos von einer Stoffröhre aus, allerdings meist ohne Überschlag. Es lassen sich nun wiederum zwei Arten unterscheiden: Der weite Chiton ist auf der Oberkante bis auf offengelassene Stellen für den Kopf und die Arme zugenäht oder durch eine Reihe kleiner Knöpfchen geschlossen (Schema: Abb. 11, a); der enge Chiton dagegen ist auf der Oberkante bis auf das Kopfloch ganz geschlossen und die Armlöcher befinden sich am oberen Ende der Seiten. Im ganzen wird für diese Art eine engere Stoffröhre benötigt (Schema: Abb. 11, b). Nimmt man beim

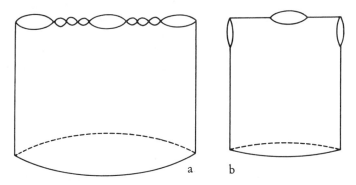

Abb. 11: Schema des Chitons. a) weiter Chiton. b) enger Chiton.

weiten Chiton unter den Achseln den Stoff etwas in die Höhe, so entstehen je nach Weite der Röhre kleinere oder größere Scheinärmel, die dann auf der Oberseite die Naht bzw. die Reihe der Knöpfchen zeigen (Vasenbild: Taf. III, Abb. 6). Beim engen Chiton mußten Ärmel besonders angenäht werden. Peplos wie Chiton wurden oft gegürtet getragen, wobei besonders beim Frauenchiton eine mehr oder weniger große Stoffmasse hinter dem Gürtel hochgezogen, dann als Bausch (Kolpos) herabhing. Aus frührarchaischer Zeit gibt es eine Reihe von Männerdarstellungen in einem kurzen Chiton, bei dem ein Teil des Stoffes durch den Schritt von hinten nach vorne gezogen und dann im Gürtel befestigt ist, so daß eine Art von Höschen entsteht.

50   Kleidung, Schmuck, Haartracht

Handwerker und sonstige Personen, die bei der Arbeit möglichst viel
Bewegungsfreiheit benötigten, trugen einen kurzen gegürteten Chiton
mit nur einem Armloch, wobei die rechte Schulter und der rechte Arm
unbedeckt blieben (Chiton heteromaschalos, in der Archäologensprache:
Exomis [1]) (Terrakottastatuette: Taf. III, Abb. 7).

Als ein charakteristisches Obergewand der archaischen Frauentracht
— im ganzen bedarf die Tracht der archaischen Zeit einer erneuten
gründlichen Untersuchung anhand der Denkmäler — sei das sog. schrä-
ge Mäntelchen erwähnt, das, seit etwa 700 v. Chr. zunächst an ionischen
Terrakottafigürchen belegbar, später auch im übrigen Griechenland
getragen wurde und besonders von den archaischen Koren der Athener
Akropolis bekannt ist. Es wurde gebildet, indem man ein langes schal-
artiges Tuch unter eine (meist die linke) Achsel zog, über Brust und
Rücken spannte und dann auf der rechten Schulter und über dem rechten Oberarm mit einer Reihe von Knöpfchen schloß. An dieser Seite
fiel es dann offen herab (Münzbild: Taf. IV, Abb. 8).

Auch das Obergewand war vor dem Anlegen ein rechteckiges Tuch.
Wiederum sind zwei Grundtypen zu unterscheiden: der nur drapierte
Mantel, das Himation, und die mit Hilfe einer Fibel gesteckte Chlamys.
Das Himation konnte nun je nach Geschmack und Gelegenheit auf die
verschiedenste Weise umgelegt werden, beispielsweise frei am Rücken
herabfallend, wobei zwei Ecken nach vorn über die Schultern genom-
men wurden und nach unten hingen (Vasenbild: Abb. 19), oder das
Himation wurde lediglich um die Hüften geschlungen oder um die
Hüften geschlungen und dazu ein Ende über den Rücken zur linken
Schulter geführt und vorn herabfallen gelassen (Vasenbild: Abb. 19);
gelegentlich hüllte man den Körper einschließlich der Arme ganz ein
(Terrakottastatuette: Taf. IV, Abb. 9). Auch konnte ein Teil des Stoffes
schleier- oder kapuzenartig über den Kopf gezogen werden. Die Dra-
pierungsmöglichkeiten sind also praktisch unbegrenzt.

Während der drapierte Mantel Tracht sowohl für Männer wie Frau-
en war, war die Chlamys dem Manne vorbehalten. In der Regel war
sie kürzer als das Himation. Das Tuch wurde einmal vertikal gefaltet,
umgelegt und auf der rechten Schulter mit einer Fibel, gelegentlich auch
einer Gewandnadel, geheftet, so daß der linke Arm von der geschlossenen Seite des Tuches verdeckt wurde, der rechte Arm aber ganz frei
blieb (Schema: Abb. 12; Vasenbild: Taf. V, Abb. 11). Wollte man

---

[1] Hier bedient sich die Archäologensprache sogar eines unzutreffenden
Ausdrucks, da exomis einen ärmellosen, aber beide Schultern bedeckenden
Chiton bedeutet: Gellius VI, 12.

beide Arme frei haben, wie es etwa für Reiter notwendig ist, konnte man den Mantel so verschieben, daß die Fibel vorne über der Brustmitte lag. In dieser Form und aus schwerem Stoff war die Xeira, der Reitermantel. Überhaupt war die Chlamys mehr Kleidung der Epheben, Reisenden und Soldaten. In hellenistischer Zeit kam auch eine rund geschnittene Chlamys auf (Terrakottastatuette: Taf. IV, Abb. 10). Wie eine Reihe von Darstellungen abgelegter Chlamydes zeigt — etwa bei der Gruppe des praxitelischen Hermes in Olympia — wurde beim Ausziehen die Fibel nicht immer gelöst, also der Mantel über den Kopf gezogen.

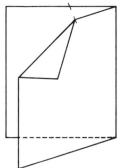

Abb. 12: Schema der Chlamys.

Diese kurz geschilderten Gewandtypen blieben in ihrer Grundform durch die Jahrhunderte die gleichen. Wegen der verhältnismäßig unkomplizierten Grundform waren diese Gewänder andererseits leicht auf die verschiedenste Weise zu variieren, etwa im Dessin, oder in der Art der Drapierung, Heftung und Gürtung, eben so, wie es die jeweilige Zeitmode 'diktierte'. Die Mode zeigte sich aber auch in der wechselnden Vorliebe für einen bestimmten Gewandtyp oder darin, wie verschiedene Gewänder kombiniert getragen wurden. Anhand der Darstellungen in der bildenden Kunst läßt sich der Wandel der griechischen Mode gut verfolgen, dazu kommen entsprechende Zeugnisse der Literatur, die mit jenen in Einklang stehen. So ist das übliche Gewand der Frauen auf den schwarzfigurigen attischen Vasen bis um etwa 540/30 v. Chr. der geheftete Peplos, dessen Heftung mittels langer Nadeln auf der Schulter bei sorgfältigen Darstellungen deutlich angegeben ist. Danach, bis etwa zum Ausgang der archaischen Zeit (um 490 v. Chr.), zeigen die bildlichen Darstellungen fast nur Frauen in genähten Chitonen. Mit Recht wurde dieser auffallende Wechsel in der Frauenmode mit der schon erwähnten Stelle bei Herodot (V, 87 ff.) in Verbindung

Kleidung, Schmuck, Haartracht

gebracht, in der berichtet wird, daß die Athenerinnen von Staats wegen statt der Doris hestes den ionischen Chiton tragen mußten, nachdem sie mit ihren Gewandnadeln den einzigen überlebenden Athener aus einer unglücklichen Schlacht gegen die Ägineten aus Gram über den Verlust ihrer Männer zu Tode gestochen hätten. Freilich bietet hier Herodot eine aitiologische Erfindung für einen Modewandel, der sich natürlich innerhalb einer gewissen Zeitspanne und aus Gründen des Geschmacks vollzogen hatte.

Die Darstellungen zeugen bis zum Ausgang der archaischen Zeit für eine Vorliebe für reich und bunt gemusterte Stoffe in der Frauentracht. Dann tritt ein Modewandel ein; einfarbige oder nur dezent gemusterte Stoffe werden bevorzugt. Es ist die metria hestes, von der Thukydides (1, 6) spricht. Im letzten Viertel des 5. Jh. v. Chr. schlägt die Mode wieder um: bunte Stoffmuster, oft mit aus dem Osten entlehnten Motiven — βαρβάρων ὑφάσματα nennt Euripides (Ion 1159) sie — werden erneut beliebt und bleiben es auch in hellenistischer Zeit, und dies nicht nur in der Frauenmode. Auch die vielen Gewandmuster, die wir durch die brauronischen Schatzinventare kennen, gehören hierhin. Seit etwa der Mitte des 4. Jh. v. Chr. kommt in der Frauenmode eine sehr hohe, unter den Brüsten sitzende Gewandgürtung auf.

Die erwähnte Abkehr von reichgemusterten Stoffen zu Beginn der Klassik verlief gleichzeitig mit der Rückkehr zur Doris hestes, also zum gehefteten Peplos, zumindest in Athen. Allerdings wurde der Peplos jetzt im realen Leben zumeist als Übergewand über einem Chiton getragen. Die zahlreichen klassischen Göttinnen- und Heroinendarstellungen im bloßen, erst gar im seitlich offenen Peplos, entsprechen insofern der wirklichen Tracht nicht. Solche weibliche Idealtracht ist aber durchaus ein Pendant zur 'heroischen' Nacktheit der Männerdarstellungen. Als modische und entsprechend kostbare und teure Luxusartikel seien noch die aus der Literatur und den Schatzinventaren bekannten amorginischen Chitone genannt, die als so hauchdünn beschrieben werden, daß der nackte weibliche Körper durchschien (vgl. Aristophanes, Lysistrata 148 ff.). Verständlich, daß sie deshalb auch ein Mittel weiblicher Koketterie waren. Es ist nicht auszuschließen, daß es sich bei diesen um Seidenstoffe handelte wie bei den in späterer römischer Literatur erwähnten Vestes bombycinae und Coae vestes. Hauchdünne, wohl seidene Chitone wurden aber nicht nur als Untergewänder, vielmehr — in hellenistischer Zeit — als Oberkleider über dem normalen Chiton getragen, wie eine Anzahl von Gewandstatuen zeigt. [2]

---

[2] Die strenge begriffliche Trennung von Peplos, Chiton und Himation ist

Griechisch 53

Gesamtdarstellungen über antike Tracht: L. H e u z e y , Histoire du costume antique. Paris 1922. M. v. B o e h n , Antike Mode. München 1933. (Tusculum-Schriften. Neue Wege zur antiken Welt. 6.). S. C a r t a , Tessuti, fogge e decorazioni nell'abito muliebre in Grecia e a Roma. Palermo 1934. M. G. H o u s t o n , Ancient Greek, Roman, and Byzantine Costume und Decoration. 2. Aufl. London 1947. (A Technical History of Costume. II.). Gute komprimierte Darstellung: M. B i e b e r , Charakter und Unterschiede der griechischen und römischen Kleidung. AA 1973, 425 ff.

Gesamtdarstellungen über griechische Tracht: Unter den älteren Untersuchungen ist immer noch wertvoll F. S t u d n i c z k a , Beiträge zur altgriechischen Tracht. Wien 1886. (Abhandl. des archäolog.-epigr. Seminars der Univ. Wien. VI, 1.). M. B i e b e r , Griechische Kleidung. Berlin, Leipzig 1928. D i e s ., Entwicklungsgeschichte der griechischen Tracht. 2. Aufl. bes. von F. E c k s t e i n . Berlin 1967. E. A b r a h a m s , M. M. E v a n s , Ancient Greek Dress. New illustr. edition ed. by M. Johnson. Chicago 1964. S. M a r i n a t o s , Kleidung, Haar- und Barttracht. Göttingen 1967 (Archaeologia Homerica. I, A u. B), vgl. hierzu aber die Rezension von A. M. S n o d g r a s s , Gnomon 41, 1969, 389 ff. E. G u l l - b e r g , P. Å s t r ö m , The Thread of Ariadne. A Study of Ancient Greek Dress. Göteborg 1970. (Studies in Mediterranean Archaeology. XXI.) Ausführliche Artikel zu den einzelnen Gewandformen enthält die RE, s. daselbst unter den entsprechenden Bezeichnungen (Chiton, Himation usw.). Zum früharchaischen kurzen Männerchiton mit Schurz: D. O h l y , Holz. AM 68, 1953, 77 ff., bes. S. 78 f. Zum archaischen sog. schrägen Mäntelchen: A. v. N e t o l i c z k a , Die Manteltracht der archaischen Frauenfiguren. ÖJh 15, 1912, 253 ff. W. D a r s o w , Zum ionischen Mäntelchen. In: Festschrift Andreas Rumpf. Krefeld 1952, 43 ff. H. H e r d e j ü r - g e n , Untersuchungen zur Thronenden Göttin aus Tarent in Berlin und zur archaischen und archaistischen Schrägmanteltracht. Waldsassen 1968. Zum Wechsel der archaischen Frauentracht: E. L a n g l o t z , Zur Zeitbestimmung der strengrotfigurigen Vasenmalerei und der gleichzeitigen Plastik. Leipzig 1920, S. 28 ff. A. R u m p f , Chalkidische Vasen. Berlin, Leipzig 1927. Bd 3, S. 134 ff. Allerdings sind auf den Vasenbildern Beispiele für genähte Chitone zur Zeit der allgemeinen Peplostracht einerseits und andererseits für Peploi in der Zeit nach dem Modewechsel um

---

moderne archäologische Fachsprache. Der Ausdruck Peplos, mit dem Homer das geheftete Gewand bezeichnet, war antik später gar nicht mehr allgemein gebräuchlich. Herodot umschreibt den 'Peplos' bereits mit Himation und Doris hestes und setzt dieses vom ionischen Gewand, dem 'Chiton', ab. Die Tatsache aber, daß Herodot den 'Peplos' mit Himation umschreibt, wird dadurch zu erklären sein, daß zu seiner Zeit bereits der 'Peplos' öfter als Obergewand über einem Chiton getragen wurde wie das 'Himation' auch.

54 Kleidung, Schmuck, Haartracht

540/30 v. Chr. doch zahlreicher als bei Langlotz und Rumpf angenommen wird. Zu den Gewandmustern in archaischer Zeit: A. K l o s s, Gewandornamentik auf griechischen Vasenbildern des orientalisierenden und schwarzfigurigen Stils. Mitteilungen des Instituts 5, 1952, 80 ff. Einen reichhaltigen Musterkatalog bietet P. C o l a f r a n c e s c h i C e c c h e t t i, Decorazione dei costumi nei vasi attici a figure nere. Roma 1972. (Seminario di Archeologia. Università di Roma. Studi miscellanei. 19.) Zur Mode der spätklassischen Zeit: A. W. B a r k e r, Domestic Costume of the Athenian Women in the Fifth and Fourth Centuries B. C. AJA 26, 1922, 410 ff. H. W e b e r, Griechische Frauentrachten im vierten Jahrhundert vor der Zeitwende. Beiträge zur Trachtgeschichte Griechenlands. Würzburg 1938, S. 101 ff. F. v. L o r e n z, Βαρβάρων ὑφάσματα. RM 52, 1937, 165 ff. D. R ö s s l e r, Gab es Modetendenzen in der griechischen Tracht am Ende des 5. und im 4. Jahrhundert v. u. Z.? In: Hellenistische Poleis. Hrsg. von E. Ch. W e l s k o p f. Bd 3. Berlin 1974, S. 1539 ff. (Materialreicher Aufsatz, bes. auch im Hinblick auf antike Schriftquellen.) Reiches Bildmaterial für die hellenistische Zeit enthält R. H o r n, Stehende weibliche Gewandstatuen in der hellenistischen Plastik. München 1931. (RM Erg.-Heft. 2.) Zu den Seidenchitonen: G. M. A. R i c h t e r, Silk in Greece. AJA 33, 1929, 27 ff. H. W e b e r, Coae vestes. Istanb. Mitteil. 19/20, 1969/70, 249 ff. Vgl. auch RE, s. v. Bombyx (A. M a u). Zu den Materialien der Textilien: R. J. F o r b e s, Studies in Ancient Technology. Bd. 4. Leiden 1956.

Es seien die häufigsten Formen der Kopfbedeckung genannt. Die einfachste und nach Ausweis der bildlichen Darstellungen auch sehr häufig praktizierte Weise, seinen Kopf vor Sonne und Staub zu schützen, bestand darin, einfach sein Himation über den Kopf zu ziehen (Terrakottastatuette: Taf. IV, Abb. 9). Auf Reise und Wanderschaft trug man einen breitkrempigen Filzhut mit meist halbkugliger Kopfform, den Petasos (Vasenbild: Taf. V, Abb. 11). Eine konische Kappe ohne Krempe war der Pilos, der häufig von Handwerkern bei der Arbeit — deshalb erscheint auch der Gott Hephaistos meist mit Pilos —, Seeleuten, Fischern (Terrakottastatuette: Taf. III, Abb. 7), aber gelegentlich auch von Bürgern zur normalen Tracht getragen wurde. In Makedonien gehörte eine breite, flache Mütze, die Kausia, zur 'Nationaltracht'; in purpurroter Farbe war sie hier dem König und den höchsten Offizieren vorbehalten. Im übrigen Griechenland war die Kausia eine Kopfbedeckung von Soldaten, Seeleuten, einfachen Arbeitern und Knaben (Terrakottastatuette: Taf. IV, Abb. 10). Aus archaischer Zeit sind zahlreiche Darstellungen von Frauen mit einem hohen zylindrischen Kopfputz bekannt, der deckellos und nach gelegentlich auf Darstellungen erkennbaren Geflechtmustern zu schließen offenbar aus Stroh

Griechisch

gefertigt war. Diese Zylinder, deren antike Bezeichnung wohl Stephane hypsele war (Aelian. var hist. 1, 18) — in der Archäologie werden sie meist Polos genannt — scheinen in späterer Zeit im täglichen Leben außer Gebrauch gekommen zu sein, begegnen aber weiterhin als Kopfschmuck verschiedener Göttinnen. In hellenistischer Zeit waren flachrunde Sonnenhüte mit kleinem konischen Mittelteil beliebt, die Tholia (Theokrit 15, 39 und Scholion dazu) (Terrakottastatuette: Taf. IV, Abb. 9). Ein häufig getragener Kopfputz der Frauen war eine aus einem Tuch geformte Haube, die in mehreren Variationen auftritt und das Haar ganz verhüllt oder auch Teile des Schopfes frei läßt (Abb. 14 C—E, K, M, Q). Zu Recht sind diese Hauben mit der Mitra identifiziert worden, die als Frauenschmuck seit den frühen Lyrikern oft in der griechischen Literatur erwähnt werden. Aus einem Gedicht Sapphos (Fragm. 98 Lobel-Page) erfahren wir, daß zu ihrer Zeit sardische Mitren gerade in Mode gekommen und besonders begehrt waren. Gelegentlich erscheinen auch als Frauen verkleidete Zecher und Komasten mit Mitren auf dem Kopf. Ferner zeigen uns die Denkmäler eine Vielfalt von Bindenformen als Kopfschmuck bei feierlichen Anlässen, Gelagen und natürlich auch als Siegerauszeichnungen, wie gleichwohl bei solchen Gelegenheiten auch Kränze getragen wurden.

Eine monographische Behandlung der griechischen Kopfbedeckungen ist Desiderat. Unter den allgemeinen Werken über griechische Tracht handelt am ausführlichsten über Kopfbedeckungen E. A b r a h a m s , M. M. E v a n s , Ancient Greek Dress. Vgl. auch RE unter den verschiedenen Hutformen (Petasos, Pilos usw.). Zum Petasos: E. W u e s c h e r - B e c c h i , Petasus e causia. Bull. Comunale 32, 1904, 93 ff. (nicht immer klare Scheidung der beiden Formen). Zur Stephane hypsele: V. K. M ü l - l e r , Der Polos, die griechische Götterkrone. Diss. Berlin 1915. Zur Mitra und auch Kausia: H. B r a n d e n b u r g , Studien zur Mitra. Beiträge zur Waffen- und Trachtgeschichte der Antike. Münster 1966. (Fontes et commentationes. 4.) Zu den Binden: A. K r u g , Binden in der griechischen Kunst. Untersuchungen zur Typologie (6.—1. Jahrh. v. Chr.). Diss. Mainz 1967.

Die antike Literatur — hier sei besonders der in einem Schusterladen spielende siebente Mimiambus des Herodas und wiederum das Onomastikon des Pollux (5, 18; 7, 85—94; 10, 49) genannt — überliefert eine erstaunliche Vielzahl von Namen für die verschiedensten Formen und Qualitäten griechischer Fußbekleidungen. Diese mit den durch bildliche Darstellungen ebenfalls zahlreich bekannten Typen zu identifizieren, ist mit Sicherheit allerdings nur in verhältnismäßig wenigen Fällen möglich. Im Groben lassen sich drei Grundformen unterscheiden:

56 Kleidung, Schmuck, Haartracht

Sandalen, bestehend aus einer Sohle, die mittels Riemen am Fuße befestigt sind, eigentliche Schuhe, die den Fuß umschließen und bis zum Knöchel oder wenig darüber reichen, sowie die Wade mehr oder weniger ganz einschließende Stiefel. Wie es Übergangsformen zwischen diesen Grundformen gab, so bestand auch innerhalb einerselben ein großer Formenreichtum. Nach den Denkmälern zu urteilen war die Sandale (Abb. 13, a) im ganzen die häufigste Form der Fußbekleidung, die aber wiederum öfter von Frauen entsprechend ihrem sich mehr im Hause abspielenden Lebens getragen wurde als von Männern. So zeigt eine Anzahl griechischer Grabreliefs klassischer Zeit den Mann in Schuhen, während die Frau in Sandalen, wenn nicht gar barfüßig, erscheint. Die bis in die jüngste Zeit wiederholte Behauptung, der geschlossene Schuh sei im Gegensatz zur Sandale den Griechen ursprünglich fremd gewesen und aus dem Osten von Medern und Persern entlehnt worden, scheint schon im Hinblick auf das in gebirgigen Teilen Griechenlands recht rauhe Winterklima wenig wahrscheinlich und ist durch Denkmäler auch eindeutig widerlegbar: hingewiesen sei nur auf tönerne Schuhnachbildungen aus einem frühgeometrischen Grab (um 900 v. Chr.) auf der Athener Agora (Taf. V, Abb. 12). Ein häufig, und zwar von beiden Geschlechtern getragener Schuh war der Kothurn (Kothornos), ein sohlenloser, bis über die Knöchel reichender Schaftschuh von so weichem Leder, daß einer auf beide Füße paßte (Abb. 13, c). Besonders oft sehen wir ihn auf Gelage- und Badeszenen auf dem Boden stehen (Vasenbild: Taf. I, Abb. 1). Der Kothurn gehörte bekanntlich auch zum Kostüm der tragischen Schauspieler, erhielt hier aber erst in nachklassischer Zeit die hohe stelzenartige Form. Als Variante zeigen uns Denkmäler namentlich des ionischen und lakonischen Gebietes einen ähnlichen Schuh mit aufgebogener langer Spitze. Wirklich persischen Ursprungs ist allerdings ein Schuh, der auf dem Rist mit Riemchen geschlossen ist (Abb. 13, d). Eine Zwischenstellung zwischen Sandale und Schuh nimmt die Krepis ein, eine den Fuß nicht ganz einschließende Fußbekleidung mit Sohle und bis zur Wade hochgeführtem Riemenwerk (Abb. 13, b), die gerne von Soldaten, Jägern und Wanderern getragen wurde (Vasenbild: Taf. V, Abb. 11), oft über Strümpfen. Auch gab es einen ganz geschlossenen Schuh für den gleichen Verwendungsbereich mit einer Bandagenwicklung über dem Knöchel (Abb. 10, e). Bereits in der frühen schwarzfigurigen Vasenmalerei begegnet ein Stiefel, dessen Schaft im oberen Teil zu beiden Seiten aufgeschlitzt ist, so daß sich vorne eine Art von Zunge bildet (Abb. 13, g). Aus diesem Stiefel dürfte sich eine spätere Form entwickelt haben, bei der der Schaft in der ganzen Länge geschlitzt ist und hier mit Riemen geschnürt werden muß (Abb. 13, h).

Griechisch

Wohl zu Recht ist diese Stiefelform mit der Endromis identifiziert worden. Daneben gibt es eine oft von Reitern — etwa auf dem Parthenonfries — getragene Stiefelform, deren Schaft sich im oberen Teil nach außen umbiegt. Sie war meist aus Fell gefertigt und dürfte der aus Thrakien stammende Embas sein (Abb. 13, f).

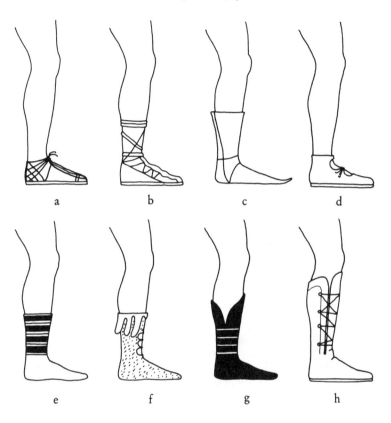

Abb. 13: Griechische Fußbekleidungen. (Nach Vasenbildern, g nach Metope des Apollontempels von Thermon). a) Sandale. b) Krepis. c) Kothornos. d) 'persischer' Schuh. e) Schuh mit Wadenwicklung. f) Embas. g) archaischer Stiefel. h) Endromis.

Mit dem sich steigernden Kleiderluxus seit dem späten 5. Jh. v. Chr. wurde auch das Schuhwerk immer anspruchsvoller und eleganter. Für die hellenistische Zeit ist das beredteste Zeugnis hierfür der oben erwähnte Schustermimiambus des Herodas.

58 Kleidung, Schmuck, Haartracht

K. E r b a c h e r, Griechisches Schuhwerk. Eine antiquarische Untersuchung. Diss. Würzburg 1914. R. F o r r e r, Archäologisches zur Geschichte des Schuhes aller Zeiten. Dem Bally-Schuhmuseum gewidmet. Schönenwerd 1942. O. L a u, Schuster und Schusterhandwerk in der griechischrömischen Literatur und Kunst. Diss. Bonn 1967. Der Kleine Pauly, s. v. Schuhe (W. H. G r o s s). Vgl. auch RE unter den verschiedenen Schuhformen (Embas, Krepis usw.). Schuhe auf attischen Grabreliefs: z. B. H. D i e p o l d e r, Die attischen Grabreliefs des 5. und 4. Jahrhunderts v. Chr. Berlin 1931, Taf. 22; 44; 45; 54.

b) Schmuck

Wie in anderen Kulturbereichen auch, läßt sich bei den Griechen feststellen, daß ursprünglich rein funktionsbedingtes Zubehör der Tracht oft kunstvoll ausgestaltet und so zu einem Schmuckteil wird, wobei der Schmuckcharakter sogar die funktionelle Brauchbarkeit des Gegenstandes beeinträchtigen kann. Hier wären etwa übergroße Fibeln mit ornamentalen oder figürlichen Darstellungen, selbst ganzer mythologischer Szenen, zu nennen, die in Ritzzeichnung auf dem zum Bildfeld gewordenen Fibelbogen oder Nadelhalter wiedergegeben sind. Solche Fibeln waren in spätgeometrischer und früharchaischer Zeit namentlich im böotischen Raum verbreitet. Ein anderes Beispiel wären Gewandnadeln mit reich verzierten Köpfen und oft von übersteigerter Länge: ein Exemplar von 82 cm ist bekannt.

Der Schmuck im eigentlichen Sinne, also solcher, der nicht funktionsbedingter Teil der Kleidung war, wies die meisten auch heute noch gängigen Arten auf: Fingerringe, Armreifen, die über dem Handgelenk oder am Oberarm getragen wurden, Ohrschmuck, Halsketten und Halsbänder, aber auch Schenkelbänder (Periskelidia) und Kreuzbänder über dem Oberkörper, von Schulter zu Schulter über die Brust herabhängende Ketten sowie den Gewändern aufgenähte Zierscheiben. Erwähnungen in der antiken Literatur und in Tempelinventaren (s. S. 46 f.), Darstellungen in der Kunst und besonders die zahlreich erhaltenen originalen Stücke lassen für den griechischen Schmuck von geometrischer Zeit an deutliche Stilentwicklungen und -tendenzen erkennen, wenn auch der Forschung gerade auf diesem Gebiet noch vieles zu klären bleibt. Einer relativen Zurückhaltung im Tragen von Schmuck während der hohen Klassik — der Zeit der metria hestes des Thukydides (s. S. 52) — stehen ausgesprochen schmuckfreudige Zeiten gegenüber: die Archaik, während welcher namentlich der griechisch-ionische Osten im Goldschmuck führend war und selbst gelegentlich von Männern Hals- und Ohr-

Griechisch 59

schmuck getragen wurde, und dann die späte Klassik und der frühe
Hellenismus, als das Kunsthandwerk auf dem Gebiet des Goldschmuckes
eine kaum jemals und anderswo wieder erreichte Blüte erlebte. Die
reichsten Fundgebiete für Goldschmuck aus dieser Zeit sind einerseits
das barbarische Skythenland, das griechische Erzeugnisse importierte
oder sogar griechische Goldschmiede anwarb, und Tarent in der Magna
Graecia, wo wohl ein eigenständiges Handwerk blühte.

Für ärmere Schichten der Bevölkerung gab es überall Schmuck in
billigerem Material (Bronze, Glas etc.) sowie auch Ersatz von Goldschmuck in vergoldeter Terrakotta, wobei bestimmte Schmuckformen
mit erstaunlicher Präzision imitiert wurden.

Fallweise hatte Schmuck auch Amulettcharakter. Zweifelsfrei ist dies
bei einer großen Zahl von Ringgemmen und Halsbandanhängern mit
magischen Inschriften und Zeichen.

Auswahl aus der reichen Literatur über Schmuck: G. B e c a t t i , Oreficerie antiche dalle minoiche alle barbariche. Roma 1955. R. A. H i g -
g i n s , Greek and Roman Jewellery. London 1961 (mit reicher Bibliographie). H. H o f f m a n n , P. F. D a v i d s o n , Greek Gold. Jewellery
from the Age of Alexander. Mainz 1965. Für die frühgriechische Zeit:
E. B i e l e f e l d , Schmuck. Göttingen 1968. (Archaeologia Homerica.
I. C.) Museumskataloge: P. A m a n d r y , Collection Hélène Stathatos.
Les bijoux antiques. Strasbourg 1953. B. S e g a l l , Zur griechischen
Goldschmiedekunst des vierten Jahrhunderts v. Chr. Eine Schmuckgruppe
im Schmuckmuseum Pforzheim. Wiesbaden 1966. F. H. M a r s h a l l ,
Catalogue of the Jewellery, Greek, Etruscan and Roman, in the Depart-
ment of Antiquities, British Museum. London 1911. A. G r e i f e n -
h a g e n , Schmuckarbeiten in Edelmetall. 2 Bde. Berlin 1970—75. (Staatl.
Museen Preuß. Kulturbesitz. Antikenabteilung. Berlin.). Einzelne Schmuck-
formen: K. H a d a c z e k , Der Ohrschmuck der Griechen und Etrusker.
Wien 1903. (Abh. des archäolog.-epigraph. Seminars der Univ. Wien. 14.)
J. B o a r d m a n , Greek Gems and Fingerrings. Early Bronze Age to Late
Classical. London 1970. M. S. R u x e r , Historja naszyjnika greckiego.
Poznań 1938. I. B l a n c k , Studien zum griechischen Halsschmuck der
archaischen und klassischen Zeit. Diss. Mainz 1973. Köln 1974.
Zu den Goldfunden aus skythischen Gräbern: M. I. A r t a m o n o v ,
Treasures from Scythian Tombs in the Hermitage Museum Leningrad.
London 1969. Zu den böotischen Fibeln: gute Abb. bei R. H a m p e ,
Frühe griechische Sagenbilder in Böotien. Athen 1936, Taf. 1—17. Zu den
griechischen Gewandnadeln: P. J a c o b s t h a l , Greek Pins and their
Connexions with Europe and Asia. Oxford 1956. Übergroße Nadeln da-
selbst S. 90. Zu den Terrakottaimitationen von Goldschmuck: I. B l a n c k ,
Griechische Goldschmuckimitationen des 4. Jh. v. Chr. Antike Welt 1976.
Amulette: C. B o n n e r , Studies in Magical Amulets Chiefly Graeco-

60 Kleidung, Schmuck, Haartracht

Egyptian. Ann Arbor 1950. (Univ. of Michigan Studies. Humanistic Series. 49.)

c) Haartracht

Durch die homerischen Epen ist für griechische Frühzeit bei beiden Geschlechtern langes Kopfhaar bezeugt. Anhand der Denkmäler läßt sich dieses durch die ganze archaische Zeit weiterhin belegen. Man kann hier nun zwei Grundformen unterscheiden: einmal fällt das Haar hinter den Ohren über den Nacken bis zum Rücken, zum anderen fällt ein Teil des hinter den Ohren herabhängenden Haares auch nach vorne auf die Brust. Beide Grundformen können nun dadurch variiert sein, daß das Haar entweder als zusammenhängende Masse dargestellt ist oder sich in einzelne zopfartige Locken teilt. Häufig wird das Haar durch ein rundes Band auf der Kalotte fest angedrückt, oft ist das Nackenhaar locker umwunden, manchmal am Ende zu einem knotenartigen Gebilde umschnürt, das man auch hochstecken konnte. Etwa um die Mitte des 6. Jh. v. Chr. gewinnt neben dem herabhängenden Haar eine vorher nur vereinzelt anzutreffende Frisur an Beliebtheit, bei der das lange Nackenhaar durch ein Band gezogen wird, aus dem das Ende der Haare dann wieder heraushängt. Diesen 'Haarbeutel' bezeichnet man in der Archäologie gewöhnlich mit dem durch Thukydides (1, 6) überlieferten Ausdruck Krobylos; allerdings ist es fraglich, ob mit Recht.

Neben Langhaar läßt sich kurzgeschnittenes Haar für Männer bereits seit der ersten Hälfte des 6. Jh. v. Chr. bildlich belegen. Die öfter ausgesprochene Behauptung, die Kurzhaarmode sei hauptsächlich bei Athleten üblich gewesen und habe sich im Laufe des 6. Jh. im Zuge wachsenden Interesses für den Sport allgemein ausgebreitet, findet in der Vasenmalerei keine rechte Bestätigung, da wir die Kurzhaarfrisur dort zuerst seltener, schließlich immer häufiger, aber stets bei allen Altersklassen finden. Solange Kurzhaar und Langhaar nebeneinander vorkamen, wurde ersteres auch als Zeichen der Trauer getragen wie schon in homerischen Zeiten (Ilias 23, 46). Bevor in der hochklassischen Zeit bei Männern die kurze Haartracht das Langhaar für immer verdrängt hatte und sich nun Frauen und Männer in ihren Frisuren unterschieden, wurde noch eine Art beliebt, bei der zwei geflochtene Zöpfe um den Hinterkopf geführt wurden.

Die Frau blieb in der klassischen und Folgezeit bei der Langhaartracht. Von den zahllosen Möglichkeiten, wie die Frauen ihr Haar oft mit Zusatz von Mitren und Binden formten, gibt Abb. 14 in zeitlicher Abfolge auf Vasen- und Münzbildern beruhende Beispiele.

Griechisch   61

In archaischer und klassischer Zeit war in Griechenland die Barttracht für Männer allgemein verbreitet, und zwar als Vollbart, dem oft
durch sorgfältigen Schnitt die Form eines Keilbartes (Sphenopogon)
gegeben wurde. Dagegen haben sich die Jünglinge — nach Ausweis der
Kuros-Statuen und Vasenbilder — offenbar bis zur Beendigung des
Ephebenalters sorgfältig rasiert; denn Angaben von Flaumbart sind in
den Darstellungen eine Seltenheit. Ebenfalls nach Aussage der Vasenbilder wurde in archaischer Zeit oft der Schnurrbart (Mystax) ausra-
siert; später war dies nach einer Angabe des Aristoteles (bei Plutarch,
Kleomenes 9) in Sparta sogar offiziell vorgeschrieben. In der Trachtgeschichte läßt sich bis in unsere eigene Zeit immer wieder feststellen,
wie schnell und allgemein sich eine modische Neuheit verbreitet, wenn
ein Herrscher oder eine andere exponierte Persönlichkeit sie vertritt.
So wurde auch das glattrasierte Gesicht Alexanders d. Gr. zum Vorbild
und Bartlosigkeit allgemein Mode, die weder staatliche Gesetze wie in
Byzanz und Rhodos, Spott der Komiker und Festhalten der Philosophen am traditionellen Bart (Athenaios 13, 564 f.) aufhalten konnten.
Es braucht freilich immer eine gewisse Zeit, bis sich eine neue Mode
verbreitet, und im Altertum, das noch keine Modejournale kannte,
dauerte es länger als heute. So ist interessant festzustellen — und dies
auch gerade im Hinblick auf den Quellenwert einzelner bildlicher Darstellungen für die antike Trachtgeschichte —, daß beispielsweise auf
einer unteritalischen, apulischen Vase Alexander d. Gr. im Perserkampf
bärtig dargestellt ist. Offenbar war die Kunde von seinem glattrasier-
ten Gesicht noch nicht bis zu den unteritalischen Griechen gedrungen,
wohl aber diejenige von seinen Persersiegen. Doch um 300 v. Chr. muß
sich auch in Süditalien die neue Mode durchgesetzt haben. Nach Varro
(De re rust. II, 11, 10) kamen damals Barbiere aus Sizilien nach Rom.
Wie uns die Münzen der Diadochen zeigen, hat es dann in den Zeiten
des Hellenismus gelegentlich Reaktionen gegen das glatte Männergesicht
gegeben, doch wurde auch im griechischen Bereich der Vollbart erst
unter dem römischen Kaiser Hadrian (117—138 n. Chr.) wieder zur
allgemeinen Mode.

W. B r e m e r , Die Haartracht des Mannes in archaisch-griechischer Zeit.
Diss. Gießen 1911. J. F i n k , Die Haartrachten der Griechen in der
ersten Hälfte des ersten Jahrtausends vor Christus, In: J. F i n k ,
H. W e b e r , Beiträge zur Trachtgeschichte Griechenlands. Würzburg
1938. RE s. v. Haartracht und Haarschmuck (S t e i n i n g e r). Der
Kleine Pauly, s. v. Haartracht. Haarschmuck (W. H. G r o s s). Für die
Frühzeit: S. M a r i n a t o s , Kleidung, Haar- und Barttracht. Göttingen
1967. (Archaeologia Homerica. I, A u. B.) Bester Überblick über die sta-

Römisch 63

Abb. 14: Griechische Frauenfrisuren und Kopfhauben. A um 580 v. Chr. (Nach Frauenkopfamphora. Beazley, ABV 16, 2.) B um 565 v. Chr. (Nach Françoisvase. Beazley, ABV 76, 1.) C um 550 v. Chr. (Nach Kleinmeisterschale. Beazley, ABV 178, 2.) D um 510 v. Chr. (Nach Vase des Euthymides. Beazley, ARV² 23, 7.) E um 510 v. Chr. (Nach Vase des Peithinos. Beazley, ARV² 115, 2.) F um 490 v. Chr. (Nach Vase des Brygos-Malers. Beazley, ARV² 369, 5.) G um 460 v. Chr. (Nach syrakusanischer Tetradrachme. Kraay-Hirmer 84 R.) H um 460 v. Chr. (Dgl. 88 R). I um 450 v. Chr. (Dgl. 89 R.) J um 450 v. Chr. (Dgl. 90 R.) K um 440 v. Chr. (Dgl. 92 R.) L um 440 v. Chr. (Dgl. 93 R.) M um 413 v. Chr. (Dgl. 102 R.) N um 405 v. Chr. (Nach syrak. Dekadrachme. Kraay-Hirmer 119.) O um 300 v. Chr. (Nach syrak. 100-Litra. Kraay-Hirmer 130.) P Ende 4. Jh. v. Chr. (Nach Goldring aus Mottola. Becatti, Oreficerie Taf. 83.) Q um 290 v. Chr. (Nach Gnathiavase. Inst-Neg. 62. 1168.) R 221—204 v. Chr. (Nach Goldoktadrachme Ptolemaios IV. Kraay-Hirmer 808.) S 125—121 v. Chr. (Nach Syr. Tetradrachme. Kleopatra Thea. Kraay-Hirmer 756.) T 52—30 v. Chr. (Nach Bronzemünze. Kleopatra VII. Giacosa, Ritratti di Auguste, pl. I.).

tuarischen Darstellungen der archaischen Zeit: G. M. A. R i c h t e r, Korai. Archaic Greek Maidens. London 1968. D i e s., Kouroi. Archaic Greek Youths. 3. Aufl. London 1970. Zum Krobylos: A. R u m p f, Tettix. In: Symbola Coloniensia Iosepho Kroll sexagenario oblata. Coloniae 1949, S. 85 ff. Zur Barttracht: RE, s. v. Bart (A. M a u). Der Kleine Pauly, s. v. Bart (W. H. G r o s s). Alexanderdarstellung auf unteritalischer Vase: H. H e y d e m a n n , Alexander d. Große und Dareios Kodomannos auf unteritalischen Vasenbildern. Halle 1883. (Hallisches Winckelmannsprogramm. 8.) Zur Barttracht nach Alexander: A. R u m p f, Römische historische Reliefs. Bonner Jahrb. 155/156, 1955/56, 112 ff., bes. S. 124 f.

B. Römisch

a) Kleidung

Im Leben der Römer kam der Kleidung eine Bedeutung zu, die in mancher Hinsicht von griechischer Auffassung abweicht. War in Griechenland die Kleidung Privatsache im eigentlichen Sinne, d. h. ein jeder kleidete sich im Rahmen der allgemeinen Mode nach eigenem Geschmack und Vermögen, so unterlag der Römer beim öffentlichen Auftreten in Kleiderdingen nicht nur einer strengen Konvention, sondern sogar gesetzlichem Reglement. Nur der römische Bürger durfte die Toga tragen. Farbe und Breite ihrer Bordüren machten kenntlich, ob der Träger dem

64 Kleidung, Schmuck, Haartracht

Patrizier-, Ritter- oder einfachen Bürgerstand angehörte. Dem entsprachen wieder bestimmte Formen des Schuhwerks. Auch war es beispielsweise unschicklich, bestimmte Formen von Mänteln über der Toga zu tragen. Die Stola war wiederum der römischen Matrone vorbehalten. Freilich wurden solche Vorschriften immer wieder durchbrochen, zumal bei nichtöffentlichem Auftreten, und in den Städten des Landes beobachtete man die Kleideretikette ohnehin weniger streng als in Rom selbst. Schließlich existierten nebeneinander eine offizielle und eine Alltagstracht.

Den knappen Überblick über die wichtigsten römischen Gewänder beginnen wir mit der Toga, dem Gewand, das den römischen Bürger von allen Unfreien und Nichtrömern, speziell auch den Griechen unterschied. Wie archäologische Denkmäler zeigen und es auch die literarische Überlieferung nahelegt, war dieses Kleidungsstück allerdings gar nicht streng (stadt-)römischen, vielmehr allgemein mittelitalisch-etruskischen Ursprunges. Im Unterschied zum griechischen Himation besaß die römische Toga, die aus Wolltuch bestand, den Schnitt eines Halbkreises. Während sie in republikanischer Zeit verhältnismäßig knapp im Stoff war (Toga exigua), nahm die Stoffülle seit augusteischer Zeit bedeutend zu, und die Weise zu drapieren wurde einer strengen Verbindlichkeit unterworfen. Es bildete sich die 'klassische' Form der Toga heraus mit ihren charakteristischen Faltenzügen und Stoffwülsten: dem Sinus, der von der rechten Schulter über den Außenrand des rechten Armes bis zum rechten Knie herabhing und von dort nach oben geführt wurde, dem Balteus, der sich vergleichbar (Name!) einem Schwertgehänge von der rechten Achsel zur linken Schulter spannte, und dem Umbo, einem Stoffwulst, der über dem Balteus herabhing. Gerade diese Form der Toga (Taf. VI, Abb. 13) ist uns durch eine Unzahl von Statuen vertraut. Im Laufe der Kaiserzeit macht die Drapierung Wandlungen durch: in traianisch-hadrianischer Zeit verschwindet der Umbo (Taf. VI, Abb. 14 rechts), seit severischer Zeit spannte sich eine brettartige Stoffbahn, die sog. Contabulatio, straff quer über die Brust. Um der Toga die verlangte Drapierung zu geben, war vor dem Anlegen eine lange mühsame Zeit des Zurechtlegens der Falten nötig. Es ist verständlich, daß eine so unbequeme und komplizierte Tracht im Laufe der Kaiserzeit im normalen Alltagsleben außer Gebrauch kam und ungeachtet kaiserlicher Erlasse schließlich nur noch bei feierlichen und offiziellen Anlässen (Opferhandlungen, Erscheinen vor Gericht, beim Besuch des Clienten beim Patronus usw.) getragen wurde. Die Toga ist dann im eigentlichen Sinne keine Tracht des Privatlebens mehr.

Als 'Staatsgewand' entsprach der Toga die Stola der römischen ehr-

Römisch 65

baren Matrone. In der Literatur wird sie als ein bis zu den Füßen reichendes Kleidungsstück mit einem dem unteren Saum aufgenähten besonderen Streifen (Insita) geschildert. Doch scheint die Stola, die wie die Toga im Alltagsleben außer Gebrauch kam, nicht mit Sicherheit auf Denkmälern nachgewiesen zu sein.

Als Untergewand trug man die Tunica, ein aus Vorder- und Rückenteil zusammengenähtes hemdartiges Kleidungsstück, dem gewöhnlich kurze Ärmel angenäht waren; es entsprach also dem engen griechischen Chiton. Außerhalb des Hauses wurde die Tunica — sie reichte beim Manne etwa bis zu den Knien, während sie von den Frauen länger getragen wurde — fast immer gegürtet, wobei man einen Stoffbausch durch den Gürtel ziehen konnte, der als Tasche, etwa für Münzen, diente. Frauen trugen oft zwei Tuniken übereinander. Etwa zu Beginn des 3. Jh. n. Chr. kommt eine lange, mit weiten bis zu den Händen reichenden Ärmeln versehene Tunica auf, die sog. Dalmatica. Diese Dalmatica, sowohl Männer- als auch Frauengewand, war als kostbares Kleidungsstück oft aus Halbseide oder Seide gefertigt und nicht selten mit roten von den Schultern zum unteren Saum verlaufenden Streifen oder runden, bunten, aufgenähten Stoffteilen verziert. Als liturgisches Gewand der Christen hat sie sich, freilich mit gewissen Veränderungen im Schnitt, bis heute im katholischen Ritus erhalten. Als Obergewänder waren verschiedene Formen von Mänteln im Gebrauch. Über der Tunica (nicht über der Toga) trug man die Paenula. Sie war ein trichterförmiges Gewand ohne Ärmel mit einem meist V-förmigen Loch zum Durchstecken des Kopfes, in der frühen und mittleren Kaiserzeit in halber (Relief: Taf. VI, Abb. 14 links), später in ganzer Länge vorne zugenäht. Die Paenula, die als Winter- und Reisemantel aus Wolle, gelegentlich aber auch aus leichteren, eleganteren Stoffen gefertigt war, trat bei einfacheren Leuten seit etwa traianischer Zeit als Gewand für offizielle Anlässe öfters an die Stelle der Toga. Als Frauenmantel war die Paenula länger als die Männerpaenula und vorne stets in ganzer Länge geschlossen. Ein leichter Wettermantel, als Regenschutz auch über der Toga getragen und häufig aus farbenprächtigem Tuch gefertigt, war die Lacerna. Dieses Gewand, das im Schnitt halbkreisförmig war und ähnlich der griechischen Chlamys auf der Brust oder rechten Schulter mit einer Fibel geheftet wurde, dürfte östlichen (persischen) Ursprunges sein; jedenfalls wurde es nie wie die Paenula dem offiziellen 'Romanus habitus' zugerechnet. Besonders üblich war es, die Lacerna (Relief: Taf. VI, Abb. 14 Mitte) über der Toga beim Besuch der Schauspiele zu tragen; bezeichnenderweise legte man sie hier aber ab, wenn hochgestellte Persönlichkeiten zu begrüßen waren. Weitverbreitet, na-

66 Kleidung, Schmuck, Haartracht

mentlich in der mittleren und späten Kaiserzeit, waren als Obergewand
bei Männern das Pallium, bei Frauen die Palla, Mäntel, die weitgehend
dem griechischen Himation entsprachen.

In den von Italien entfernteren Provinzen des Römischen Reiches,
besonders den nördlichen Gebieten, existierten schon aus klimatischen
Gründen von den genannten Formen abweichende Trachten, zumal bei
der einheimischen Bevölkerung. Einige solcher ursprünglich fremder
Kleiderformen sind von den Römern adaptiert worden und fanden
weite Verbreitung, so beispielsweise der Birrus, ein von den Galliern
übernommener Umhang aus schwerem Stoff, oder der ebenfalls aus
Gallien stammende Cucullus, ein kapuzenartiger, bis über die Schultern
reichender Kopfschutz (Wandgemälde: Abb. 15), der vorwiegend von
Arbeitern und Sklaven getragen wurde. Die Hosen (Braccae) fanden
zwar seit traianischer Zeit zunächst als knielange, später fast bis zu
den Knöcheln reichende Beinbekleidung aus der Tracht der Gallier,
Germanen und Daker Einzug in das römische Militärkostüm, blieben
aber in der Zivilkleidung zumindest in den mediterranen Gebieten des
Römischen Reiches bis in die Spätantike verhältnismäßig selten.

Außer den S. 53 genannten die griechische und römische Kleidung umfassend behandelnden Werken zur römischen Kleidung in Auswahl
folgende Literatur: L. M. W i l s o n , The Clothing of the Ancient Romans. Baltimore 1938. (The Johns Hopkins University Studies in Archaeology. 24.). L. B o n f a n t e   W a r r e n . Roman Costumes. A Glossary
and Some Etruscan Derivations. In: Aufstieg und Niedergang der römischen Welt. Bd 1, 4. Berlin, New York 1973, S. 584 ff. RE unter den
einzelnen Gewandformen (Toga, Tunica usw.). Zur Kleidung in der
römischen späteren Antike: J. W i l p e r t , Die Gewandung der Christen
in den ersten Jahrhunderten. Köln 1898. M. L. R i n a l d i , Il costume
romano e i mosaici di Piazza Armerina. RIA 13/14, 1964/65, 200 ff.
Zur Toga: L. M. W i l s o n , The Roman Toga. Baltimore 1924. (The
Johns Hopkins University Studies in Archaeology. 1.) F. W. G o e t h e r t ,
Studien zur Kopienforschung. Die stil- und trachtgeschichtliche Entwicklung der Togastatue in den beiden ersten Jahrhunderten der römischen
Kaiserzeit. RM 54, 1939, 176 ff. Etruskische und mittelitalische Togae
oder togaähnliche Gewänder: G. H a f n e r , Etruskische Togati. In: An-
tike Plastik. Hrsg. von W.-H. S c h u c h h a r d t . Bd IX. Berlin 1969,
S. 23 ff. Zur republikanischen Toga exigua: F. W. G o e t h e r t , Zur
Kunst der römischen Republik. Diss. Köln 1931, S. 15 ff.
Zur Stola sei bemerkt, daß die bei M. B i e b e r , RE, s. v. Stola aufge-
führten Bildbelege nicht besonders charakterisierte Tuniken, z. T. sogar
Statuen griechischer Idealtypen zeigen und somit für die Kenntnis der
Stola irrelevant sind.
Ältere Literatur über römische Mäntel ist durch folgende Untersuchung

Abb. 15: Römische Kneipenszene. Pompejanisches Wandbild (Nach Schreiber, Kulturhist. Bilderatlas, Taf. 78.)

68   Kleidung, Schmuck, Haartracht

weitgehend überholt: F. K o l b , Römische Mäntel: paenula, lacerna, μανδύη. RM 80, 1973, 69 ff. Zum Cucullus: W. D e o n n a , De Téles-phore au «moine bourru». Dieux, génies et démons encapuchonnés. Ber-chem—Brüssel 1955. (Collection Latomus. 21.) Zur Tracht in den Provinzen: J. C r e m o s n i k , Die einheimische Tracht Noricums, Pannoniens und Illyricums und ihre Vorbilder. Latomus 23, 1964, 760 ff. J. G a r b s c h , Die norisch-pannonische Frauentracht im 1. und 2. Jahrhundert. München 1965. (Münchener Beiträge zur Vor- und Frühgeschichte. 11.) G. V i l l e , Recherches sur le costume dans l'Afrique romaine. Le pantalon. Africa 2, 1967/68, 139 ff. J. P. W i l d , Clothing in the North-West Provinces of the Roman Empire. Bonner Jahrb. 168, 1968, 166 ff.

Normalerweise trug der Römer weder in der Öffentlichkeit noch im Hause eine Kopfbedeckung. Doch war es Sitte, bei religiösen Handlun-gen wie Opfer und Gebet sein Haupt zu bedecken. Während die Prie-ster deshalb bestimmte Hutformen trugen, auf die als nicht zum Bereich des Privatlebens gehörig hier nicht eingegangen werden soll, bedeckte der normale römische Bürger, auch beim Vollzug privater religiöser Handlungen, beispielsweise beim Larenopfer, sein Hinterhaupt mit einem Teil seiner Toga. Um als Homo pius zu erscheinen, ließen sich auch Privatpersonen gerne in der Toga 'capite velato' porträtieren, wovon die große Zahl erhaltener Statuen dieses Typs zeugt.

Als eigentliche Kopfbedeckungen kannte man außer dem schon er-wähnten kapuzenähnlichen Cucullus gleiche Formen wie sie auch in Griechenland üblich waren. Als Sonnenschutz trug man den Petasus, Arbeiter, Handwerker und Seeleute die Causia oder eine kegelförmige Kappe, den Pilleus, der ganz dem griechischen Pilos entsprach. Der Pilleus war aber auch ein Zeichen der Freiheit, weshalb ihn Sklaven bei ihrer Freilassung trugen und man ihn auch während der Saturnalien aufsetzte. Im späten 3. Jh. n. Chr. kam eine flachzylindrische randlose Mütze auf, die auf zahlreichen spätantiken Denkmälern dargestellt ist. Wir können sie wohl mit dem bei Vegetius (De re militari I, 20) ge-nannten Pilleus Pannonicus gleichsetzen.

Eine umfassende Behandlung der römischen Kopfbedeckungen gibt es nicht. Das Verhüllen des Kopfes aus kultischen Gründen behandelt H. F r e i e r , Caput velare. Diss. Tübingen 1963. Zu den einzelnen Hut-formen s. RE unter den entsprechenden Namen (Petasos, Pilleus usw.). Zum Pilleus Pannonicus: H. P. L'O r a n g e , A. v. G e r k a n , Der spätantike Bildschmuck des Konstantinbogens. Berlin 1939 (Studien zur spätantiken Kunstgeschichte. 10.), S. 43 ff.

Die Fußbekleidung der Römer läßt sich wie die der Griechen in Sandalen, Schuhe und Stiefel gruppieren. Das Tragen von Sandalen

Römisch

(Soleae oder Sandalia) war aber auf das interne Hausleben beschränkt, mit ihnen auf der Straße, gar noch zur Toga, zu erscheinen, verstieß gegen die Sitte (Schriftquellen bei Blümner S. 222, Anm. 8). Der Ausgehschuh war der Calceus; er kennzeichnete den römischen Bürger ebenso wie die Toga. Der Calceus des einfachen Bürgers war ein bis über den Knöchel reichender geschlossener Schuh aus weichem Oberleder mit einem gamaschenartigen Schaftteil über dem Knöchelgelenk (Abb. 16, b). Außer Calcei in einfacher Lederfarbe trug man auch solche in bunten Farben; der Calceus muliebris der Frauen war oft weiß und zierlicher gearbeitet als der Männerschuh. Ein Calceus einfachster Form wurde auch Pero genannt. Als Standesabzeichen trugen Senatoren und Patrizier den Calceus senatorius bzw. patricius, der sich vom normalen Calceus durch rote, später schwarze Farbe sowie dadurch unterschied, daß von den Sohlen Riemenwerk um die Knöchel und den unteren Teil der Wade hinaufführte und in freien Enden herabfiel (Abb. 16, a). Soldaten, Arbeiter und Bauern trugen die Caliga, einen Schuh mit kräftiger, meist genagelter Sohle, dessen Oberleder in Streifen aufgeschnitten war (Abb. 16, c). Ein Schuh, bei dem Sohle und Oberleder aus einem Stück Leder geschnitten waren, war die Carbatina. Gerade von dieser Schuhform sind mehrere zum Teil mit hübschen ausgestanzten Mustern ver-

Abb. 16: Römische Fußbekleidung. a) Calceus patricius (Nach Reiterstatue des Marcus Aurelius. Rom.) b) Calceus (Nach Statue des Mammius Maximus. Neapel.) c) Caliga (Nach Anaglypha Traiani. Rom.) d) Carbatina (Nach Original in der Saalburg.) e) Campagus (Nach Tetrarchenstatuen. Venedig.) f) Hochgewickelte Sandale (Nach Mosaik aus Cherchell.).

70 Kleidung, Schmuck, Haartracht

zierte Exemplare in Brunnenfunden in nördlichen Provinzen zutage
gekommen (Abb. 16, d). Ursprünglich ein Soldatenschuh, war der Campagus in der Spätantike in verfeinerter Form zu einer Fußbekleidung
gehobener Stände geworden. Er umschloß Zehen und Ferse, ließ aber
den Rist frei. Er war mit Riemchen geschlossen (Abb. 16, e). Die Fußbekleidung der einfachen Arbeiter und Landleute war in der Spätantike eine bis hoch zur Wade hinauf enggeschnürte kräftige Sandale,
ähnlich der griechischen Krepis (Abb. 16, f).

> Als Literatur sei auf die S. 57 f. genannten umfassenden Werke von Forrer
> und Lau verwiesen. Vgl. auch RE unter den einzelnen Formen der Fuß-
> bekleidung (Calceus, Caliga usw.).

b) Schmuck

Auch im Bereich der römischen Tracht läßt sich funktionsbedingter
und 'reiner' Schmuck scheiden. Unter ersterem sind besonders die Fibeln zu nennen, die im ganzen römischen Gebiet, namentlich auch in
den Provinzen, in beträchtlichen Mengen gefunden wurden, wobei
allerdings ein Großteil des Fundmaterials nicht von ziviler, sondern
militärischer Kleidung herrührt. Ihre im modischen Wandel variieren-
den charakteristischen Formen — genannt seien beispielsweise die arm-
brustförmigen Bogenfibeln, Fibeln mit großer runder, oft in Durch-
brucharbeit verzierter Scheibe, Hakenkreuzfibeln oder die spätantiken
nach der typischen Form der Abschlüsse ihres kreuzförmigen Kopfes
sogenannten Zwiebelknopffibeln — machen die Fibeln zu wichtigen
chronologischen Hilfsmitteln, auch für die Datierung von Gewand-
figuren. In spätantiker Zeit waren kostbare Zwiebelknopffibeln offenbar ein Rangabzeichen hoher Stände. Auch die oft kunstvoll ausgestalteten Gürtelschließen gehören in den Bereich des funktionsbedingten
Schmuckes.

Römischer Schmuck im engeren Sinne, also reiner Zierschmuck ist in
zahlreichen Originalen aus dem ganzen Bereich des Römischen Reiches erhalten, wobei die ältesten größeren Funde in Italien aus den Vesuvstädten
stammen. Daß aber bereits in republikanischer Zeit Goldschmuck getragen wurde, legt schon ein Verbot des Zwölftafelgesetzes (Tab. X, 7), Gold
den Toten mit in die Gräber zu geben, nahe. Die lex Oppia vom Jahre
215 v. Chr. bestimmte, daß eine Frau nicht mehr als eine halbe Unze
Gold haben dürfe. Ob die von einigen Schriftstellern (Livius 9, 7, 8; 23,
12, 2; 46, 12; Plinius, nat. hist. 33, 18) überlieferte Nachricht, wonach
in älteren Zeiten allein den Nobiles und Rittern das Tragen eines

Römisch

Goldringes als Standesabzeichen gestattet gewesen sei und dem einfachen Bürger nur ein Eisenring zukam, der Wahrheit entspricht, scheint kaum glaubwürdig. Es dürfte sich dabei eher um Goldringe besonderer Form gehandelt haben. Da stadtrömische Goldfunde aus dieser frühen Zeit nicht vorliegen, fehlt uns die direkte Anschauung dieses Schmucks. Doch ist bei der allgemeinen Kunstkoine des mittelitalisch-etruskischen Gebietes in jener Epoche anzunehmen, daß in Rom die gleichen Formen getragen wurden, die uns aus etruskischen Grabfunden bekannt sind. In hellenistischer Zeit dürften auch griechische Schmuckstücke eingeführt und imitiert worden sein. Eine Gruppe weiblicher Büsten des 3. Jh. v. Chr. aus Praeneste (Taf. VII, Abb. 15) ist mit Ohrringen ausgestattet, die mit ihren kegelförmigen Anhängern sowohl Parallelen in der etruskischen wie auch in der griechischen Schmuckkunst der Zeit haben. Unter den originalen Stücken römischen Schmucks sind die häufigsten Formen Halsketten (Monilia), Ohrringe (Inaures), Armbänder (Brachialia, armillae) und vor allem Fingerringe (Anuli), unter welchen wiederum besonders zahlreich die mit zum Teil kostbaren geschnittenen Steinen oder auch billigeren Imitationen solcher in Glaspaste versehenen Siegelringe hervorragen. Nicht selten sind als Verlobungsringe gedeutete Stücke mit dem Motiv zweier verschlungener Hände als Symbol der Concordia. Zu nennen sind auch die runden goldenen Amulettkapseln, die Bullae, die von freigeborenen römischen Kindern, von Knaben bis zur Anlegung der Toga virilis (s. S. 103, 106) um den Hals getragen wurden (Taf. VI, Abb. 13). Daß es sich hierbei um eine von den Etruskern übernommene Sitte handelt, ist literarisch (Iuvenal 5, 164) wie auch durch originale etruskische Funde bezeugt.

Was die künstlerische Gestaltung des römischen Schmuckes betrifft, so lassen die früheren italischen Funde, etwa die Stücke aus Pompeji und Herculaneum, eine Vorliebe für glatte gewölbte Oberflächen erkennen, ein Charakteristikum, das bereits den späten etruskischen Schmuck auszeichnet. Später wird das Erscheinungsbild zunehmend durch reiche Verwendung bunter Steine sowie durch eine Vorliebe für Ornamente in durchbrochener Arbeit bestimmt. Beliebt wird auch die Verwendung von Goldmünzen als Anhänger. Innerhalb des Römischen Reiches war eine Vielzahl von Zentren der Schmuckherstellung tätig, die freilich ihre eigenen, im griechischen Bereich hellenistischen, Traditionen hatten, so daß man die Gesamtheit des Schmuckes aus dem römischen Imperium besser als 'römerzeitlich' denn als 'römisch' bezeichnen sollte. Daß aber die Stadt Rom selbst ebenfalls ein Ort der Schmuckproduktion war, beweist eine Anzahl von Inschriften von Goldschmieden.

Für ärmere Leute gab es statt des Schmuckes aus Edelmetall auch preiswerteren aus Bronze, Eisen, Glas oder Bein. Eine Spezialität Germaniens, Galliens und Britanniens waren Schmuck- und Zierstücke aus Gagat, der fossilen schwarzen Pechkohle.

Außer den S. 59 genannten, den antiken Schmuck umfassend behandelnden Werken, folgende Literaturauswahl zum römischen Schmuck: C. B a - r i n i, Ornatus muliebris. I gioielli e le antiche romane. Torino 1958. (Besonders reich an antiken Schriftquellen.) C. C a r d u c c i, Oreficerie romane. In: Ori e argenti dell'Italia antica. (Katalog der Ausstelllung Torino 1961.) Torino 1961, S. 129 ff. A. L i p i n s k y, Ori, argenti, gioielli del mondo tardo-romano, paleocristiano e paleo-bizantino in Italia fino al movimento iconoclasta. In: Corsi di cultura sull'arte Ravennate e bizantina. Ravenna 28. 3.—10. 4. 1965. Ravenna 1965, S. 405 ff. B. P f e i l e r, Römischer Goldschmuck des ersten und zweiten Jahrhunderts n. Chr. nach datierten Funden. Mainz 1970. Jardat E l - C h e h a - d e h, Untersuchungen zum antiken Schmuck in Syrien. Diss. Berlin 1972. A. B ö h m e, Schmuck der römischen Frau. Aalen 1974. (Kleine Schriften zur Kenntnis der römischen Besetzungsgeschichte Südwestdeutschlands. 11.) Zu den Funden aus den Vesuvstädten: L. B r e g l i a, Catalogo delle oreficerie del Museo Nazionale di Napoli. Roma 1941. R. S i v i e r o, Gli ori e le ambre del Museo Nazionale di Napoli. Firenze 1954. Zu den Fibeln: W. J o b s t, die römischen Fibeln aus Lauriacum. Linz 1975 (Forschungen in Lauriacum 1975), (mit umfassender Bibliographie). Zu den Fingerringen: F. H e n k e l, Die römischen Fingerringe der Rheinlande und der benachbarten Gebiete. Berlin 1913. Etruskische Vorbilder der römischen Bullae: G. B e c a t t i, Oreficerie antiche, Taf. CI—CIII. Zur Tätigkeit von Goldschmieden in Rom: A. L i p i n s k y, Orafi ed argentieri nella Roma pagana e cristiana. Epigrafia latina minore. Corsi di cultura sull'arte ravennate e bizantina. Ravenna 1962. Faenza 1962. S. 315 ff. Zum Gagatschmuck: W. H a g e n, Kaiserzeitliche Gagatarbeiten aus dem rheinischen Germanien. Bonner Jahrb. 142, 1937, 77 ff.

c) Haartracht

Die Entwicklung läßt sich anhand zahlreicher Porträts vom 1. Jh. v. Chr. bis zum Ausgang der Antike bestens verfolgen. Für die Zeit der frühen und mittleren Republik dagegen ist die monumentale Überlieferung ungleich schlechter, da überhaupt verhältnismäßig wenige römische Porträts erhalten sind, deren Datierung dazu oftmals schwankt. Darstellungen von Persönlichkeiten aus der älteren Vergangenheit sind sehr unsichere Quellen. Dies zeigen etwa die Münzbilder mit den Köpfen des Sabinerkönigs Titus Tatius und des römischen Königs Ancus

Römisch 73

Marcius auf Prägungen der Zeit kurz vor der Mitte des 1. Jh. v. Chr., auf denen der erstere als bärtiger Idealkopf klassischen Stils, der letztere aber im Typ eines hellenistischen Herrschers erscheint. Ein wichtiges Dokument ist dagegen das für seine Zeit einmalige Münzporträt des Römers T. Quinctius Flamininus auf einem Goldstater, der wohl nach dem römischen Sieg bei Kynoskephalai (197 v. Chr.) geprägt wurde. Die Frisur besteht hier aus lockeren, mittellangen, sichelförmigen Locken, die sich von einem ziemlich tiefen Hinterkopfwirbel zum Nacken und zur Stirn hin ausrichten. Dazu trägt der Dargestellte einen kurzen Vollbart. Haar- und Barttracht entsprechen somit genau einer Reihe zeitgleicher hellenistischer Herrscherköpfe, beispielsweise des Makedonenkönigs Philipp V., des Gegners des Quinctius. Die Frisur eines Porträts auf einem Goldring aus Capua in Neapel, für dessen Identifizierung mit dem Bildnis des großen Scipio Africanus gute Argumente vorgebracht wurden, ist gekennzeichnet durch lange, glatt anliegende Haarsträhnen, die von einem Oberkopfwirbel aus gleichmäßig nach vorn in die Stirn gekämmt sind und etwas lockerer ziemlich tief in den Nacken reichen. Solch verhältnismäßig langes Nackenhaar hat der Kopf wiederum mit hellenistischen Diadochenporträts gemeinsam, während das glatte, strähnige Haar auf einer Anzahl namenloser, mittelitalischer, zum Teil rein handwerklich gearbeiteter Köpfe der Zeit begegnet. Ob es sich hierbei tatsächlich um eine mittelitalische Haarmode oder um ein Stilelement der mittelitalischen Plastik handelt, ist schwer zu entscheiden. Die bereits genannte Gruppe der weiblichen Büsten und Porträts des 3. Jh. v. Chr. aus Praeneste (Taf. VII, Abb. 15) ist mit ihrem über der Stirn in einem Scheitel getrennten und dann um den Kopf laufenden, hinten in einem Knoten zusammengefaßten Haarwulst wieder direkt mit einer griechisch-hellenistischen Haartracht (vgl. Abb. 14 R) zu vergleichen. Wenn für die ältesten Zeiten die schriftliche Überlieferung (vgl. Blümner, S. 267) bei den Männern Langhaar und Barttracht nennt, so dürfte sich die Haartracht kaum von der der Etrusker unterschieden haben, die sich nach den Darstellungen zu urteilen, wiederum durchaus mit griechisch-archaischen Frisuren vergleichen läßt.

Vom 1. Jh. v. Chr. bis etwa zur Mitte des 1. Jh. n. Chr. trugen die Männer nach Ausweis der Porträts gewöhnlich schlichte Frisuren, bei denen das verhältnismäßig kurze Haar ohne Scheitel in die Stirn gekämmt war. Es kam dann eine durch Bildnisse des Nero, Domitian aber auch von Privatpersonen bezeugte Haarmode auf, die das Haar in mehreren übereinanderliegenden Reihen sichelförmiger Locken sorgfältig onduliert angibt. Es ist die Coma in gradus formata (Sueton, Nero

74 Kleidung, Schmuck, Haartracht

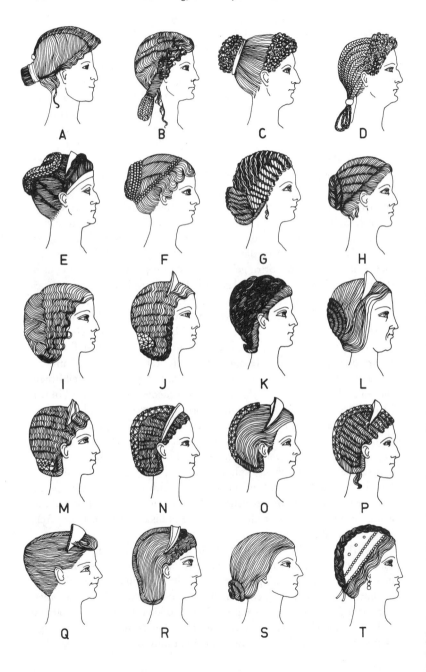

Römisch 75

Abb. 17: Römische Frauenfrisuren (nach Münzporträts von Damen des Kaiserhauses.) A. Octavia, geprägt um 40 v. Chr. (Grüber II, 499.) B. Agrippina Maior, gepr. 37/41 n. Chr. (RIC 42.) C. Iulia Titi, gepr. 79/81 n. Chr. (RIC 180.) D. Domitia, gepr. 82/83 n. Chr. (RIC 212 B.) E. Marciana, gepr. 114/117 n. Chr. (RIC 745.) F. Faustina Minor, gepr. 147/161 n. Chr. (RIC 511.) G. Faustina Minor, gepr. 161/176 n. Chr. (RIC 704.) H. Crispina, gepr. 180/185 n. Chr. (RIC 285.) I. Iulia Domna, gepr. nach 198 n. Chr. (RIC 540.) J. Iulia Domna, gepr. 211/217 n. Chr. (RIC 593.) K. Plautilla, gepr. 202/205 n. Chr. (RIC 363 b.) L. Iulia Soaemias, gepr. 218/222 n. Chr. (RIC 415.) M. Orbiana, gepr. 225 n. Chr. (RIC 657.) N. Tranquillina, gepr. 241/244 n. Chr. (RIC 249.) O. Etruscilla, gepr. 249/251 n. Chr. (RIC 59 b.) P. Cornelia Supera, gepr. 253 n. Chr. (RIC 31.) Q. Severina, gepr. 275 n. Chr. (RIC 18.) R. Galeria Valeria, gepr. um 310 n. Chr. (RIC 122.) S. Helena, gepr. 318/319 n. Chr. (RIC 50.) T. Flaccilla, gepr. 383/385 n. Chr. (RIC 54.).

51). Eine enge Übereinstimmung der Frisuren der Kaiser und der Privatpersonen läßt sich auch weiterhin feststellen. In traianischer Zeit trägt man vielfach das Haar glatt in die Stirn gekämmt, in hadrianisch-frühantoninischer Zeit locker gewellt; von da ab bis zu Septimius Severus als füllige, aus vielen kleinen, wie gebrannt wirkenden Löckchen aufgetürmte Masse. Der Römer ging normalerweise bartlos, abgesehen von kurzen Bärten, die man bei Trauerfällen wachsen ließ. Erst seit Hadrian, wahrscheinlich durch ihn angeregt, wurde der Vollbart für die Folgezeit allgemein Mode. Nach zunächst kurzen Vollbärten wurden in antoninischer und severischer Zeit längere und sorgfältig gekräuselte Bärte üblich. Gleichsam als Reaktion auf die Haarpracht der vorherigen Zeit ging man mit den Soldatenkaisern im 3. J. n. Chr. allgemein zum kurzen 'Militärschnitt' über; auch der Vollbart wurde jetzt meist stark gestutzt. Ein erneuter Wandel trat in konstantinischer Zeit ein, als nun für die nächsten Generationen wieder längeres Kopfhaar, meist in die Stirn gekämmt, und Bartlosigkeit üblich wurden.

Ein Überblick über die weiblichen Porträts zeigt deutlich, daß der Wandel der Haarmode weitgehend den jeweiligen Frisuren der Damen des Kaiserhauses entspricht. Die Tatsache, daß zudem die gleiche Haarmode stets in weitesten Teilen des römischen Imperiums anhand der Porträts zu belegen ist, läßt vermuten, daß die überall und schnell verbreiteten Bildnisse der Kaiserinnen das allgemeine Vorbild lieferten. Die Reihe der Kaiserinnenbildnisse gibt also den besten Überblick über den Wandel der Haarmode in der Kaiserzeit (Abb. 17). In frühaugusteischer Zeit wurde das über den Schläfen locker gerollte, sonst eng anliegende Haar in einem Hinterkopfknoten zusammengefaßt, wobei noch eine Haarpartie über den Scheitel nach vorne verlief und über der Stirn in einem flachen Knoten endete. Diese in der Archäologie wegen ihrer Übereinstimmung mit den Münzbildern der Schwester des Augustus 'Octaviafrisur' genannte Haartracht wurde durch eine Frisur mit Nackenzopf abgelöst, die in claudischer Zeit durch Reihen von Löckchen über Stirn und Schläfen bereichert wurde. Unter den flavischen Kaisern beginnt dann die bis in die Regierung des Traian dauernde auffallende Haarmode mit hohen, fast virtuosen diademförmigen Lockenaufbauten über der Stirn, die ohne Zuhilfenahme von Toupets wohl kaum zu erzielen waren. Die Haartracht der hadrianischen und antoninischen Zeit war dagegen wieder schlichter; man trug locker gewelltes Haar, zunächst mit hochgestecktem Haarkranz, später mit Knoten oder Haarnest am Hinterkopf. Von großer Fülle war dann wieder eine Haartracht in den Jahren der Iulia Domna, der Gattin des Septimius Severus, bei der eine stark ondulierte Haarmasse, oft von Zöpfen eingefaßt, lang und füllig über die Ohren und in den Nacken herabreichte. Einige Darstellungen geben diese Haartracht deutlich als Perücke wieder (Taf. VII, Abb. 16). Die Haare nehmen dann wieder an Länge ab und umschließen glatt oder mit eingebrannten Locken helmartig den Kopf. Den Hinterkopf ziert ein Haarnest oder flacher Knoten, aus dem sich — etwa seit 240 n. Chr. — ein nach vorne verlaufender Scheitelzopf mit zunehmender Länge entwickelt. Gegen Ende des 3. Jh. — so auf den Münzbildern der Severina, der Gattin des Kaisers Aurelian — wird der Scheitelzopf zu einer Schlinge über der Stirn. Während diese Frisur im Laufe des 4. Jh. an Fülle zunimmt, kommen gleichzeitig Haartrachten auf, die wieder an ältere Moden, etwa der hadrianisch-antoninischen Zeit, erinnern.

Nach dem Zeugnis der Schriftsteller, namentlich der Satiriker, muß die Haar- und Bartpflege für manche Personen eine wichtige, oft übertriebene Rolle im Alltagsleben gespielt haben. Wer unter seinen Sklaven keinen eigenen Barbier (Tonsor) hatte, besuchte die Barbierstuben, so daß diese Tonstrinae beliebte Treffpunkte für Eitle und Neugierige waren (Schriftquellen bei Blümner, S. 270). Das Haarfärben war besonders unter den Frauen verbreitet (vgl. z. B. Ovid, amores I, 14), wobei blond eine ganz beliebte Tönung war, wie auch Perücken aus hellem Haar der Germaninnen sehr geschätzt waren (Ovid, a. O.; Iuvenal 6, 120). Von den Akzessoirs wie Kämmen, Haarnadeln und dergleichen haben sich viele originale Stücke, oft in kostbarem Material wie Elfenbein und Edelmetall erhalten.

Literatur zur römischen Haartracht: RE, s. v. Haartracht (B r e m e r); Dgl. RE Suppl. VI, 90 ff. (S t e p h a n). M. W e g n e r , Datierung

Römisch 77

römischer Haartrachten. AA 1938, 276 ff. (Von Plotina bis Crispina). K. W e s s e l , Römische Frauenfrisuren von der severischen bis zur constantinischen Zeit. AA 1946/47, 62 ff. L. F u r n é e - v a n Z w e t , Fashion in Women's Hairdress in the First Century of the Roman Empire. Bull. Verening van de kennis ant. Besch. 31, 1956, 1 ff. Dazu Publikationen römischer Porträts, für die auf die ausführliche Bibliographie in: Römische Porträts. Hrsg. von H. v. H e i n t z e . Darmstadt 1974 (Wege der Forschung. CCCXLVIII), S. 435 ff. verwiesen sei.

Münzbilder des Titus Tatius und Ancus Marcius: H. A. G r u e b e r , Coins of the Roman Repubic in the British Museum. London 1910, Bd. I, S. 297 ff.; 417 und 485 f.

Münzporträts des T. Quinctius Flamininus und Philipps V.: P. R. F r a n - k e , M. H i r m e r , Die griechische Münze. München 1964. Taf. 175. Zum Bildnis des Scipio Africanus: M. L. V o l l e n w e i d e r , Das Bildnis des Scipio Africanus. Museum Helveticum 15, 1958, 27 ff.

Mittelitalische Köpfe hellenistischer Zeit mit glatter Frisur z. B.: Roma medio-repubblicana. Aspetti culturali di Roma e del Lazio nei secoli IV e III a. C. (Katalog der Ausstellung Roma 1973.) Roma 1973, Nr. 227, 229, 235. Weibliche Büsten aus Praeneste: daselbst Nr. 447—449. S. auch A. G i u l i a n o , Busti femminili da Palestrina. RM 60/61, 1953/54, 172 ff.

Zu den erhaltenen Toilettengegenständen: British Museum. A Guide to the Exhibition illustrating Greek and Roman Life. London 1908, S. 135 ff.

4. Kapitel

ESSEN UND TRINKEN

Auch für diesen Bereich des antiken Privatlebens stehen in gleichem
Maße schriftliche wie archäologische Quellen zur Verfügung. Unter
den literarischen Quellen müssen für die griechische Frühzeit wieder
die homerischen Epen genannt werden, die recht ausführlich über die
Nahrungsmittel, ihre Zubereitung und die Eßsitten der Helden berich-
ten. Besonders wichtig für die späteren Jahrhunderte sind die Komödien, in denen Essen und Trinken schon bei den aristophanischen
Stücken eine große Rolle spielen, namentlich aber, als dann in der mittleren und neuen Komödie der Mageiros, der Koch, zu einer stehenden
und unentbehrlichen Figur wird und mit all seinen Künsten ausgiebig
prahlt. Später hat Athenaios in seine Deipnosophistai eine große Zahl
kulinarischer Zitate nicht nur aus diesen Komödien, die meist selbst
verloren gegangen sind, sondern auch aus antiken Kochbüchern aufge-
nommen und somit wenigstens einiges von dieser Spezialliteratur über
die Zeiten gerettet, die seit dem 5. Jh. v. Chr. — hier ist der Name des
Mithaikos aus Syrakus, des Phidias der Kochbücher, überliefert —
recht zahlreich verfaßt wurde aber bis auf das Werk des Apicius als
ganze nicht erhalten blieb. Einige kleine Kochrezepte haben sich direkt
auf Papyrus erhalten. Von den lateinischen Schriftstellern geben außer
den Komödiendichtern, die sich auch hierin an ihre griechischen Vorbilder halten, die wichtigsten Hinweise auf Essen und Trinken Cato
(De agri cultura), Varro (De re rustica), der Landwirtschaftsschriftsteller des 1. Jh. n. Chr. Columella, die Satiriker, Plinius der Ältere in
seiner Naturalis historia und Apuleius im Goldenen Esel, doch alles
an Drastigkeit übertreffend Petronius mit seiner berühmten Cena Trimalchionis. Das einzig ganz erhaltene antike Kochbuch De re coquina-
ria ist unter dem Namen des bekannten Schlemmers des 1. Jh. n. Chr.
Apicius überliefert, hat aber wahrscheinlich erst im 4. Jh. n. Chr. seine
letzte Fassung erhalten. Die literarisch überlieferten antiken Diät-
rezepte, wie etwa die des späten Anthimos gehören ihrem Wesen nach
in den Bereich der Medizin.

Die Inschriften geben im ganzen verhältnismäßig wenig Aufschlüsse.
Doch kann auch hier wieder auf die Hermokopideninschriften hin-
gewiesen werden, die unter dem Versteigerungsgut auch verschiedene
Nahrungsmittel beinhalten. Eine delische Inschrift enthält Angaben

Essen und Trinken 79

über die Verpflegung von im Tempeldienst stehenden Arbeitern für das Jahr 279 v. Chr. Der diocletianische Maximaltarif nennt Höchstpreise für verschiedenste Nahrungsmittel zu Beginn des 4. Jh. n. Chr.

Die archäologischen Quellen sind gerade für den Bereich des Essens und Trinkens von größter Vielfältigkeit. Hier wären zunächst, wenn man von der Menge des Erhaltenen ausgeht, die in unzähligen Exemplaren gefundenen Gefäße zu nennen, die als Eßgeschirr, Trinkgefäße, Kochtöpfe, Vorratsgefäße und dergleichen dienten; hinzukommen Eßbestecke, Schöpfkellen, Siebe und anderes Küchengerät. Darstellungen von Gelage- und Speiseszenen sind seit etwa 600 v. Chr. ein beliebtes Motiv der Kunst. Dazu kommen seit hellenistischer Zeit Stilleben von exakt dargestellten Früchten, Speisefischen, Wildpret usw. Ergänzt werden sie durch Mosaiken mit dem Motiv des 'Asarotos oikos', die in einer Art von trompe l'oeil vortäuschen als sei der Fußboden mit allen möglichen Speiseresten eines reichen Mahles übersät. Genreszenen in der römischen Wandmalerei und auf Reliefs führen uns in die Läden der Bäcker, Metzger, Gemüse- und Weinhändler. Schließlich hat sich in den Vesuvstädten eine Menge originaler Nahrungsmittel, wenn auch meist in verkohltem Zustand, gefunden wie etwa ganze Brote, Kuchen, Getreide, Oliven, Nüsse, Eier usw. (Taf. VIII, Abb. 17). Nachdem bei den archäologischen Ausgrabungen jetzt allgemein auch auf Küchenabfälle, Tierknochen und dergleichen geachtet wird, bietet auch dieses Material wichtige Aufschlüsse über die antike Ernährung.

Zur Rolle des Koches in den Komödien: A. G i a n n i n i , La figura del cuoco nella commedia greca. Acme 13, 1960, 135 ff. H. D o h m , Mageiros. Die Rolle des Kochs in der griechisch-römischen Komödie. München 1964. (Zetemata. 32.) Zu den antiken Kochbüchern: RE, s. v. Kochbücher (F. B i l a b e l). Zu den Hermokopideninschriften und dem Maximaltarif Diocletians s. S. 12. Delische Inschrift: Th. H o m o l l e , Comptes et inventaires des temples déliens. BCH 14, 1890, 389 ff. Zu den Gefäßen, Küchengerät usw. s. S. 29 f. Gelagedarstellungen: B. F e h r , Orientalische und griechische Gelage. Bonn 1971. Stilleben: H.-G. B e y e n , Über Stilleben aus Pompeji und Herculaneum. s'-Gravenhage 1928. D. C a s e l l a , La frutta nelle pitture pompeiane. In: Pompeiana. Raccolta di studi per il secondo centenario degli scavi di Popei. Napoli 1950 (Biblioteca della Parola del Passato. 4.), S. 355 ff. J. M. C r o i s i l l e , Les natures mortes campaniennes. Répertoire descriptif des peintures de la nature morte du Musée National de Naples, de Pompéi, Herculaneum et Stabies. Bruxelles 1965. (Collection Latomus. 76.) Reliefs mit den genannten Genreszenen sind besonders zahlreich in Ostia gefunden worden: R. C a l z a , E. N a s h , Ostia. Firenze 1959, Taf. 102—104. Zum 'Asarotos oikos':

M. R e n a r d , Pline l'Ancien et le motif de l'asarotos oikos. In: Hommages à Max Niederman. Bruxelles (Berchem) 1956 (Collection Latomus. 23.), S. 307 ff. L. F o u c h e r , Une mosaique de triclinium trouvée à Thysdrus. Latomus 20, 1961, 291 ff.

A. Griechisch

In den zahlreichen Schilderungen von Speiseszenen der homerischen Epen ist die Nahrung der Helden im Grunde wenig abwechslungsreich. Verzehrt werden meist große Mengen am Spieße gebratenen Fleisches fettgemästeter Tiere (Schweine, Ziegen, Schafe, Rinder), dazu wird Brot gegessen und mit Wasser verdünnter Wein getrunken. Daß aber auch Früchte und Gemüse hoch geschätzt wurden, zeigt schon die Schilderung des an solchen Gewächsen reich gesegneten Gartens des Alkinoos (Od. 7, 112 ff.). Außer Wein nahm man als Getränk Milch, die auch mit Wasser verdünnt wurde, und gelegentlich den Kykeon, ein Gemisch von pramnischem Wein, Gerstenmehl und geriebenem Käse. Ganz ähnliche kräftige Speisen hält auch Hesiod (Werke und Tage 588—592) für wünschenswert: Wein, Ziegenmilch, Fleisch von jungen Rindern und Zicklein und dazu mit Milch bereitete Maza. Es ist dies die früheste Erwähnung der Maza, eines aus Gerstenschrot oder -mehl je nach Art mit Zusatz von Wasser, Milch, Öl usw. gekneteten und dann getrockneten Teiges, der wieder angefeuchtet gegessen wurde und lange Zeit die Hauptnahrung des einfachen Volkes blieb. Aristophanes nennt als Speisen der Armen oft diese Maza, dazu Zwiebel und Gemüse. Als solches waren beliebt Lattich, Sellerie, Rettich, Malven, Bohnen, Distelarten, die in Salzwasser gekocht oder je nach Art auch roh mit Öl genossen wurden. Wohlhabendere aßen statt der Maza Weizenbrot, das in Athen in klassischer Zeit bereits von gewerbsmäßigen Bäckern hergestellt wurde. Daneben gab es honiggesüßte Kuchen. Aber allgemein blieb — wenigstens in Athen — die Nahrung lange Zeit einfach.

Auch in reicheren Haushalten war Fleischkost selten; sie stammte dann in der Regel von Opfertieren, deren Fleisch öffentlich verteilt wurde. Fische, die eingesalzen, gedörrt oder geräuchert bereits Volksnahrung waren, wurden nun auch als Frischfisch immer mehr geschätzt, bis die Fische zur Zeit der mittleren und neuen Komödie bei Feinschmeckern und den Köchen einen Gipfel der Beliebtheit erreichten. Diese können in den Komödien nicht genug daran tun, mit ihren Künsten und Kenntnissen der erlesensten Fische und ihrer Zubereitung zu

Griechisch

prahlen. In einem Fragment des Sotades (Fragm. 1) läßt uns ein vom Fischmarkt zurückkehrender Koch wissen, daß er bei vierzehn verschiedenen Sorten, die er alle aufzählt, die jeweils besten Partien kennt und in der ihnen angemessenen Weise unübertroffen herzurichten versteht. Es ist kein Zufall, daß gerade in der Blütezeit des Fischessens bei den Griechen die Meerwesen in zoologisch exakt charakterisierenden Darstellungen als Motiv nicht nur Eingang in die große bildende Kunst fanden, sondern auch eine Gruppe von Gebrauchskeramik, eben die hübschen attischen und campanischen Fischteller (Taf. IX, Abb. 18), verzieren. Die Beliebtheit des Fischessens dürfte kaum durch Wohlfeilheit der Fische zu erklären sein, da in den Komödien auch seltene und somit teure Arten genannt werden: der Kopf des Labrax, des Meerwolfes, war für arme Leute unerschwinglich (Eriphos, fragm. 3, 3). Überhaupt galten die Fischhändler oft als Halsabschneider. Es war wohl einfach Mode; zudem brauchten Fische außer den Aalen vom Kopaissee und dem Thunfisch nicht wie Säugetiere geopfert zu werden, so daß bei ihnen diese heilige, aber umständliche Formalität wegfiel. Die nachklassische Zeit hatte aber nicht nur die Fische als Delikatesse entdeckt. Auf allen Gebieten macht die griechische Küche große Fortschritte. Wichtige Anregungen scheinen aus Sizilien und der Magna Graecia gekommen zu sein, wo Tafelluxus schon verbreitet war, als man im Mutterland noch einfach aß (vgl. Athenaios XII, 527 c). Durch ausgeklügeltes Mischen von im Geschmack oft gegensätzlichen Grundsubstanzen und raffiniertes Würzen schufen die einzelnen Starköche ihre Spezialitäten. Besonders rühmen konnten sich diejenigen, die am Hofe hellenistischer Herrscher ihre Kunst geübt hatten, wie der Koch in einer Komödie des Demetrios, der am Hofe des Seleukos war und ein Gericht aus duftenden Rosenblättern, Geflügel- und Schweinehirn, Eigelb, Olivenöl, Fischsoße, Pfeffer und Wein zu bereiten verstand (Athenaios IX, 406). Freilich waren solche Genüsse nur denjenigen vorbehalten, die reich genug waren, Köche und Zutaten zu bezahlen.

Für die ärmeren Schichten der Bevölkerung blieb das Getreide stets die Grundlage der Ernährung; ausreichende Versorgung der Bevölkerung mit Getreide war deshalb im ganzen Altertum die ständige Sorge der Staatsmänner, besonders dort, wo der eigene Boden zu wenig produzierte wie in Athen oder der Stadt Rom, so daß dorthin importiert werden mußte. Aber auch andere Nahrungsmittel spielten schon früh im antiken Welthandel eine bedeutende Rolle, wie etwa ein Fragment des Hermippos (Athenaios I, 278) für das Athen des 5. Jh. v. Chr. anschaulich schildert: „Nennt mir nun ihr Musen, die ihr den hohen Olymp bewohnt, was uns Dionysos in seinem schwarzen Schiff gebracht hat,

82   Essen und Trinken

seit er die See befährt: Sylphion und Ochsenfelle aus Kyrene, vom
Hellespont Thunfisch und Gesalzenes, aus Thessalien Graupen und
Rippenstücke vom Rind . . . Aus Syrakus Schweine und Käse . . . aus
Ägypten Segeltuch und Papyrusrollen, Weihrauch aus Syrien, Zypress-
holz für die Götter aus Kreta. Libyen liefert reichlich Elfenbein, Rhodos Rosinen und trockene Feigen, aus Euboia kommen Birnen und aus-
gesuchte Äpfel, Sklaven aus Phrygien, Söldner aus Arkadien, gebrand-
markte Sklaven aus Pagasai. Paphlagonien bietet fertige Mandeln und
Nüsse... Phönikien endlich sendet Datteln und feines Weizenmehl, Karthago Teppiche und bunte Kissen." Seltsamerweise nennt Hermippos in
seinem Warenkatalog nicht den Wein, der ebenfalls und zwar in großen
Mengen weltweit verhandelt wurde, wie nicht nur durch die antike Literatur, sondern auch durch zahlreiche Funde von Weinamphoren bezeugt
wird. Oftmals tragen diese Amphoren als Waren- und Gütezeichen
einen Stempel ihres Herkunftsortes, etwa die rhodische Rose, den He-
rakles von Thasos, den Löwenkopf von Samos, die Sphinx von Chios
oder einfache Namensaufschriften. Auch anhand der Farbe ihres Tones
und ihrer Formentwicklung lassen sich diese Weinamphoren nach Herkunft und Alter bestimmen, so daß sie den Welthandel aufs beste
widerspiegeln. Besonders aufschlußreich ist die Sammlung von den Grabungen auf der Athener Agora, die jetzt in der Attalosstoa daselbst
aufgestellt ist.

Allgemeine Literatur zur antiken Ernährung: RE, s. v. Kochkunst (F.
O r t h). F. B i l a b e l , Antike Küche. München 1927. (Tusculum-Schrif-
ten. 11.). S. B o m m e r , L. B o m m e r - L o t z i n , Die Gabe der De-
meter. Die Geschichte der griechisch-römischen Ernährung. München 1961.
Diese ausführliche Darstellung entbehrt leider der Quellenangaben. D.
und P. B r o t h w e l l , Food in Antiquity. A Survey of the Diet of Early
Peoples. London 1969.
Zur Ernährung der Griechen: Frühzeit: G. B r u n s , Küchenwesen und
Mahlzeiten. Göttingen 1970. (Archaeologia Homerica. II, Q.) B. A.
S p a r k e s , The Greek Kitchen. JHS 82, 1962, 121 ff. D e r s ., The
Greek Kitchen: Addenda. JHS 85, 1965, 162 f.
Zum Brot der Griechen: M. W ä h r e n , Brot und Gebäck im alten Grie-
chenland. Detmold 1974.
Zur Bedeutung des Opferfleisches für die Ernährung: P. S t e n g e l , Die
griechischen Kultusaltertümer. München 1920 (Handbuch der Altertums-
wissenschaft. 5, 3), S. 105 ff.
Zur Bedeutung der Fische für Ernährung und Wirtschaft: D. B o h l e n ,
Die Bedeutung der Fischerei für die antike Wirtschaft. Ein Beitrag zur
Geschichte der antiken Fischerei. Diss. Hamburg 1937. Stellen aus den
Komikern über das Fischessen besonders im VII. und VIII. Buch der

Deipnosophistai des Athenaios. Dazu ausführlich H. D o h m , Mageiros, bes. S. 104 ff. Zum Sotadesfragment daselbst S. 105 f. Zu den Meerwesen als Motiv in der griechischen Kunst: A. R u m p f , Malerei und Zeichnung, S. 123 ff. Zu den Fischtellern: L. L a c r o i x , La faune marine dans la décoration des plats à poissons. Étude sur la ceramique d'Italie meridionale. Verviers 1937.

Zur Brot- und Getreideversorgung in den griechischen Städten: H. F r a n - c o t t e , Le pain à bon marché et le pain gratuit dans les cités grecques. In: Mélanges Nicole. Genève 1905, S. 135 ff. K. K ö s t e r , Die Lebensmittelversorgung der altgriechischen Polis. Berlin 1939. (Neue deutsche Forschungen. 245.)

Zum Wein im Altertum allgemein: Ch. S e l t m a n n , Wine in the Ancient World. London 1957. Über die Bedeutung der Weinamphoren als Quelle informiert anschaulich: V. R. G r a c e , Amphoras and the Ancient Wine Trade. Princeton 1961. (Excavations of the Athenian Agora. Picture Book. 6.)

B. Römisch

Das Bild, das die antiken Schriftsteller (Stellen bei Blümner, S. 160 ff.) von den Speisen der Römer in den frühen Zeiten darstellen, ist sehr einfach. Als Hauptnahrungsmittel wird die Puls genannt, ein der griechischen Maza entsprechender Teig, der allerdings im Unterschied zu dieser aus Dinkelmehl hergerichtet wurde. Dazu aß man Gemüse des eigenen Hortus, Zwiebeln, Knoblauch, Käse; Fleisch gab es nur bei Opfern und an Festtagen. Wieweit diese Einfachheit in der Ernährung nun einfach zum Idealbild der Virtutes des alten Vir vere Romanus gehört und nur literarischer Topos ist, kann beim Fehlen anderer verläßlicher Quellen kaum entschieden werden. Jedenfalls trat neben die Puls bald gebackenes Brot. In Rom gab es mindestens seit etwa 170 v. Chr. gewerbsmäßige Bäckereien. In Pompeji gehören die zahlreichen Bäckereien, die neben Brot z. T. auch feinere Backwaren herstellen, zum typischen Stadtbild.

Unbestreitbar ist aber, daß seit dem 1. Jh. v. Chr. bei vielen Wohlhabenden ein exquisiter Tafelluxus herrschte, der natürlich nicht ohne Einfluß aus griechischem Gebiet denkbar ist. Wie im hellenistischen Griechenland galt auch jetzt die besondere Vorliebe reicher Römer den Tieren des Meeres. Besonders geschätzt waren Goldbrasse und Muräne. Wir hören von phantastischen Summen, die für außergewöhnliche Exemplare gezahlt wurden. Im Bereich der Villen wurden Zuchtbecken, die man auch mit Meerwasser speiste, angelegt. In den Küstenstädten Campaniens, namentlich am Lucriner See blühten Austernkulturen.

84   Essen und Trinken

Zur Zucht des jetzt ebenfalls hochgeschätzten Geflügels — neben
Gänsen, Hühnern (Kapaune) und Enten kamen auch Fasanen, Pfauen,
Perlhühner und Tauben auf die Speisetafel — wurden Brutanlagen und
Vogelhäuser gebaut. Auch die als Leckerbissen beliebten Haselmäuse
(Glires) wurden gezüchtet und in einer besonderen Art von Tongefäßen
gemästet (Varro, De re rust. III, 14, 1—2). Wild, besonders Wild-
schweine, wurden in Wildgehegen gehalten. Die Mast der Tiere war
eine große Kunst, für die die Landwirtschaftsschriftsteller genaue An-
weisungen geben; besonders war man bemüht, durch entsprechende
Fütterung — etwa mit Feigen — große Geflügellebern, die als Delikatesse galten, zu erzielen. Vervollkommnete Methoden im Gartenbau
dienten der Nachfrage nach verfeinerten Gemüse- und Obstarten, von
denen einige erst verhältnismäßig spät nach Italien eingeführt worden
waren wie etwa die veredelte Kirsche (74 v. Chr. von Lucullus aus
dem Pontosgebiet), der Pfirsich oder die Aprikose (beide im 1. Jh. n.
Chr.). Man bezog vegetabilische Nahrungsmittel aber auch von weither;
so ließ Tiberius eine Rübensorte von Gelduba am Niederrhein kommen
(Siser). Andererseits wurden auch Früchte aus dem Mittelmeergebiet
wie z. B. Feigen, Oliven und Kichererbsen in nördliche Reichsteile,
nach Germanien und Britannien, exportiert.

Über die Herrichtung der einzelnen Gerichte informiert das unter
dem Namen des Apicius überlieferte Kochbuch. Schon die Bezeichnungen vieler Grundsubstanzen und Zutaten zeigen, daß Einflüsse aus
griechischem Bereich in der römischen Küche sehr stark waren — wenigstens in wohlhabenden Kreisen, die überhaupt imstande waren à
l'Apicius zu speisen. In der Kombination gegensätzlicher Geschmacks-
qualitäten, besonders süß-scharf, gleichen viele Speisen des Apicius
eher der heutigen ostasiatischen Küche als der italienischen oder tür-
kisch-griechischen. Ein Gewürz, dessen Verwendung bei fast jedem
Gericht vorgeschrieben wird, ist das Garum. Bei dieser Zutat, für die
die Quellen auch außer Apicius sehr zahlreich sind, handelte es sich um
eine Flüssigkeit, die bei der Zersetzung stark gesalzener Fische entsteht.
Die beste Qualität war das Garum sociorum aus Spanien, aber beispielsweise auch in Pompeji blühte eine Garumindustrie, die ihr Produkt in
Tonkrügen und Amphoren mit Aufschriften versandte.

Das Hauptgetränk der Römer war der Wein, von dem in Italien
hervorragende Sorten angebaut und hergestellt wurden. Am geschätz-
testen war zur Zeit des Horaz der Caecuber, der bei Gaeta gedieh, aber
später entartete; daneben war berühmt der Falerner aus Campanien.
Überhaupt wurde fast im ganzen Imperium — selbst in Britannien —
Weinanbau betrieben und Wein verhandelt, so daß in Rom Weinsorten

Römisch 85

aus nahezu der ganzen Welt zur Verfügung standen. Man trank Wein nicht nur rein, sondern veränderte auch seinen Geschmack durch Einkochen, wobei man das Defrutum erhielt, oder mischte Gewürze bei, etwa Myrrhe (Vinum murratum) oder gar Pfeffer (Vinum piperatum). Beliebt und als gesund erachtet war das Mulsum, Wein oder Most mit Honigzusatz.

Petronius hat in seiner Cena Trimalchionis eine an Lebendigkeit unübertroffene Darstellung eines der üppigen Gastmähler der neronischen Zeit gegeben, freilich in satirisch-karikierender Form, indem er es in das Milieu eines steinreichen, doch ungebildeten Emporkömmlings verlegt. Charakteristisch für Gastmähler dieser Art waren das Auftragen ganzer gebratener Tiere wie etwa Eber, ein bewußtes Überraschen der Gäste durch unerwartete Füllungen — gebratene Vögel in Eiern; einem Eber entfliegen in der Cena Trimalchionis lebendige Drosseln —, effektvolles Dekorieren der Speisen und auf diese wiederum Bezug nehmende Kostümierungen der immer wieder neue Gänge auftragenden Dienerschaft. So war eine solche Cena gleichsam eine theaterartige Aufführung. Natürlich waren derartige üppige Mähler nur den Reichsten vorbehalten und auch unter diesen gab es Mäßige, die sich mit Speisefolgen begnügten, wie sie uns etwa einmal der jüngere Plinius (Ep. 1, 15) mitteilt: Salate, Schnecken, Eier, ein Trank aus Speltbrei, Honigwein und Schneewasser, Oliven, Mangold, Kürbisse und Zwiebeln. Daß aber die mittleren und einfachen Schichten der Bevölkerung durchaus bescheiden aßen, wird schon allein durch die meist dürftigen und kleinen Küchen, wie sie in den pompejanischen Häusern anzutreffen sind, erwiesen; in den Appartements der Häuser Ostias sind Küchen überhaupt selten. Die Speisen, die man hier höchstens auf kleinen transportablen Herden und Kohlebecken selbst herrichten konnte, dürften nicht allzu opulent gewesen sein. Die einfache Familie hat sich offenbar ihr Essen fertig bei der nächsten Popina über die Straße geholt, deren auffallende Vielzahl sich erst so recht erklärt. Oder man nahm seine Mahlzeit direkt in den Kneipen ein (Abb. 15). Daß hier die angebotenen Speisen nicht selten minderwertig waren und der Wein oft verfälscht wurde, erwähnen die antiken Schriftsteller mehrmals. Andererseits gab es sogar offizielle Verordnungen, die den Verkauf bestimmter Speisen in den Popinae untersagten. Die Ernährung der großen Masse der fast Besitzlosen innerhalb des kaiserzeitlichen Großstadtproletariats, das mehr oder weniger ausschließlich auf staatliche Zuwendungen von Nahrungsmitteln — in der Hauptsache Getreide, später fertiges Brot, zu dem gelegentlich auch Wein, Schweinefleisch und Ölspenden kamen — kann man sich kaum bescheiden genug vorstellen.

86 Essen und Trinken

Wie reichhaltig die Menufolge in reichen Häusern auch noch in der Spätantike war oder zumindest als wünschenswert erachtet wurde, zeigt sehr anschaulich ein Bodenmosaik aus Daphne bei Antiocheia am Orontes (Taf. X, Abb. 19). Hier sind auf einem hufeisenförmigen (Sigma-förmigen) Tisch in der Abfolge einer Cena die verschiedenen Speisen in kostbarem Silbergeschirr serviert: Es beginnt mit einem Hors d'oeuvre aus gekochten Eiern, kalten Schweinefüßchen, Artischocken und einer Soße oder einem Getränk (Mulsum?), das sich in einem Napf befindet. Dazu gab es grünes Gemüse. Nun folgt eine große Platte mit einem Fisch. Daneben sind Brote dargestellt in der typischen Form, wie sie schon in Pompeji (Taf. VIII, Abb. 17) gefunden wurden: rund mit von der Mitte ausgehenden Kerben, die das Brechen erleichtern. Nächst der Fischplatte sieht man auf einer runden Schüssel einen unzerteilten Schinken, dann einen Silberkelch, den man sich gewiß mit Wein gefüllt vorzustellen hat. Trotz Beschädigung des Bildes ist noch erkennbar, daß hierauf Geflügel folgt, zu dem wieder Brot gereicht wird. Nach einer Lücke im Mosaik — hier konnte ein weiteres Fleischgericht oder auch Früchte dargestellt gewesen sein — wird die Speisenfolge mit einem hohen zylindrischen Schichtenkuchen abgeschlossen. Geschmückt ist der Tisch mit kleinen Blumengirlanden, wie man solche an die Gäste zu verteilen pflegte, wenn sich an die eigentliche Cena noch ein Umtrunk, die Commissatio, anschloß.

Außer der S. 82 genannten umfassenden Literatur speziell zur Ernährung der Römer: J. A n d r é , L'alimentation et la cuisine à Rome. Paris 1961. Ausführliche, über die Verhältnisse in Pompeji hinausgreifende Untersuchung zum Brot: B. M a y e s k e , Bakeries, Bakers, and Bread at Pompeii. A Study in Social and Economic History. Diss. Univ. of Maryland 1972.
Zum Tafelluxus der Römer: E. R a t t i , Ricerche sul luxus alimentare romano fra il I. sec. a. C. e il I. sec d. C. Rendiconti Istituto Lombardo. Accad. di scienze e lettere. Cl. lettere 100, 1966, 156 ff. Gute Übersicht über Lage, Bauweise und Funktion der Fischzuchtbecken (Piscinae): G. S c h m i e d t , Il livello antico del Mar Tirreno. Testimonianze dei resti archeologici. Firenze 1972. (Arte e Archeologia. Studi e documenti. 4.) Antike Schriftquellen zur Fischliebhaberei daselbst S. 215 ff. Aufschlußreich sind auch die häufigen Darstellungen von Meerwesen in Malerei und Mosaik: A. P a l o m b i , La fauna marina nei musaici e nei dipinti pompeiani. In: Pompeiana. Napoli 1950 (Biblioteca della Parola del Passato. 4.), S. 425 ff. Zu den Austern: Der Kleine Pauly, s. v. Austern (W. R i c h t e r). Vgl. auch J. H. D'A r m s , Romans on the Bay of Naples. A Social and Cultural Study of the Villas and Their Owners from 150 B. C. to A. D. 400. Cambridge Mass. 1970. Zu den Speisetieren und deren

Römisch 87

Zucht immer noch gut: D a r e m b e r g - S a g l i o , Dictionnaire des Antiquités, s. v. Vivarium (G. L a f a y e). Ferner: G. F u c h s , Varros Vogelhaus in Casinum. RM 69, 1962, 96 ff. J. M. C. T o y n b e e , Animals in Roman Life and Art. London 1973. Der Kleine Pauly, s. v. Geflügelzucht (W. R i c h t e r), mit weiterer Literatur. Zum Siser: A. C. A n d r e w s , The Parsnip as a Food in the Classical Era. Class. Philol. 53, 1958, 145 ff., bes. 146 ff. Früchteexport nach Germanien: K.-H. K n ö r z e r , Über Funde römischer Importfrüchte in Novaesium (Neuß/Rh.). Bonner Jahrb. 166, 1966, 433 ff. Für Apicius sei auf die neueste kommentierte Ausgabe verwiesen: J. A n d r é , Apicius. L'art culinaire. Paris 1974. (Les belles lettres.) Für diejenigen, die selbst nach Apicius kochen wollen: E. A l f ö l d i - R o s e n b a u m , Das Kochbuch der Römer. Rezepte aus der Kochkunst des Apicius. Zürich, Stuttgart 1973. Zum Garum: P. G r i m a l , Th. M o n o d , Sur la véritable nature du 'garum'. REA 54, 1952, 27 ff. M. P o n s i c h , M. T a r r a d e l l , Garum et industries antiques de salaison dans la Mediterranée occidentale. Paris 1965. R. E t i e n n e , A propos du 'Garum sociorum'. Latomus 29, 1970, 297ff. Ausgewählte Literatur zum Wein: L. M a n z i , La viticoltura e l'enologia presso i Romani. Roma 1883 (mit reicher Sammlung der antiken Schriftquellen). R. B i l l i a r d , La vigne dans l'antiquité. Lyon 1913. G. B e n d i n e l l i , La vite e il vino nei monumenti antichi in Italia. (Parte II. dell'opera Storia della vite e del vino in Italia di A. Marescalchi e G. Dalmasso.) Milano 1931. Ch. S e l t m a n , Wine in the Ancient World. London 1957.
Zur Cena Trimalchionis: Es werden 62 verschiedene Speisen und Getränke den Gästen serviert. Trotz allem äußeren Aufwand ist es aber längst nicht immer das Feinste, das Trimalchio auffahren läßt: auch dies ein Zug der Karikatur. Hierzu: G. S c h m e l i n g , Trimalchio's Menu and Wine List. Class. Philol. 65, 1970, 248 ff.
Zur bescheidenen Ernährung der Ärmeren: E. R a t t i , op. cit. S. 194. Zur Seltenheit der Küchen in Ostia: P a c k e r , The Insulae of Imperial Ostia, S. 72 f. Zu den Gaststätten und Garküchen: T. K l e b e r g , Hôtels, restaurants et cabarets dans l'antiquité romaine. Etudes historiques et philologiques. Uppsala 1957. Vgl. auch H. H. T a n z e r , The Common People of Pompeii. A Study of the Graffiti. Baltimore 1939 (The Johns Hopkins University. Studies in Archaeology. 29.), S. 41 ff. Zur Ernährung des großstädtischen Proletariats: H. P. K o h n s , Versorgungskrisen und Hungerrevolten im spätantiken Rom. Bonn 1961. D. v a n B e r c h e m , Les distributions de blé et d'argent à la plèbe romaine sous l'Empire. Genève 1939. E. T e n g s t r ö m , Bread for the People. Studies of the Corn-Supply during the Late Empire. Stockholm 1974. (Skrifter utgivna af svensk Institutet i Rom. 8°. XII.)
Beschreibung und reicher Kommentar des Mosaiks aus Daphne bei Antiocheia: D. L e v i , Antioch Mosaic Pavements. Princeton 1947. Bd 1, S. 132 ff.; Bd 2, Taf. 23 a; 24; 152; 153 a.

5. Kapitel

EINIGE ASPEKTE DES FAMILIENLEBENS

Nach den mehr materiellen Grundlagen des antiken Privatlebens, die in den vorhergehenden Kapiteln in Auswahl skizziert wurden, sollen im folgenden noch einige Aspekte des Lebens selbst, wie es sich im Bereich der häuslichen Gemeinschaft abspielte, dargestellt werden: die Familie, das Kind und seine Erziehung, Ehe, Hochzeit und Stellung der Frau, Tod und Bestattung sowie die Haussklaven. Im Rahmen unserer Einführung müssen wir uns hier knapper halten als es die Komplexheit dieser Themen erfordern würde. Obgleich hier auch regional und zeitlich nicht unbeträchtliche Unterschiede herrschten, beschränken wir uns für die griechischen Verhältnisse auf das Athen der klassischen Zeit (5. und 4. Jh. v. Chr.), für die römischen mehr auf Italien und Rom selbst während der späten Republik und frühen bis mittleren Kaiserzeit, nicht zuletzt im Hinblick auf die bessere Forschungslage für diese Gebiete und Zeitabschnitte. Die Literaturangaben sind aber gelegentlich etwas weiter gefaßt.

A. Griechisch

a) Die Familie

Die kleinste Einheit innerhalb des griechischen Gemeinwesens war die Familie. Eine vollständige Familie bestand aus dem Ehemann, der Ehefrau und den Kindern; hinzukommen konnten Haussklaven. Da die Ehefrau, Töchter und minderjährige Söhne nicht rechtsmündig waren, übte der Ehemann und Vater als Kyrios eine Rechtsvormundschaft über sie und den gesamten Besitz der Familie aus, die de facto eine Herrschaft über sie darstellte. Eine solche Familie war aber nicht nur eine rechtliche Einheit, sondern in Ausübung des Kultes des Zeus Herkeios und anderer mit Familienfesten in Beziehung stehender Gottheiten auch eine Kultgemeinschaft, die durch verwandtschaftliche Bande und gemeinsame Verehrung des Apollon Patroos ihrerseits einmal Teil des sich auf gemeinsame Ahnen zurückführenden Geschlechtes (Genos), zum anderen im gemeinsamen Kult des Zeus Phratrios auch Teil einer 'Bruderschaft' (Phratria) war. Eine Familie war auch eine wirtschaftliche Einheit. Neben durch Kauf oder Gewerbe selbst erwor-

Griechisch

benen Gütern bildete die ökonomische Grundlage einer Familie von
attischen Bürgern in klassischer Zeit bei der damals auch für Stadtbe-
wohner noch stark landwirtschaftlich bestimmten Wirtschaftsstruktur
das ihr fest zugehörige Landlos, der Kleros. Wenn auch Ursprung und
Wesen des Kleros noch nicht völlig bekannt sind, steht immerhin fest,
daß derselbe, der bei einzelnen Familien von unterschiedlicher Größe
war, einen so eng mit der Familie verbundenen Besitz darstellte, daß
selbst der Kyrios ihn bei vollem Nutzungsrecht nicht frei veräußern
durfte. Beim Tode ging er auf den ältesten Sohn über. War kein Sohn
vorhanden, so kam der Kleros über die Tochter (Epikleros), die einen
Adoptivsohn des Vaters oder des Vaters nächsten männlichen Verwandten ehelichen mußte, an den Enkel. Für den Fall, daß auch hier
männliche Nachkommen fehlten, wurden durch den Archon schwierige
Erbgesetze in Wirkung gebracht, die garantierten, daß der Kleros bei
der nächsten Verwandtschaft väterlicherseits blieb. Es ist verständlich,
daß im Hinblick auf den Erbgang des Kleros wie aber auch, um die
Tradition des Familienkultes nicht zu unterbrechen, in einer athenischen
Familie größter Wert auf das Vorhandensein eines Sohnes als direkten
Erben gelegt wurde.

Literaturauswahl zur Familie: W. G. B e c k e r , Platons Gesetze und
das griechische Familienrecht. München 1932. (Münchener Beiträge zur
Papyrusforschung und antiken Rechtsgeschichte. 14.) M. B r o a d b e n t ,
Studies in Greek Genealogy. Leiden 1968. A. R. W. H a r r i s o n , The
Law of Athens. I. The Family and Property. Oxford 1968. W. K. L a -
c e y , The Family in Classical Greece. London 1968.

b) Das Kind und seine Erziehung

Nach der Geburt eines Kindes hatte der Vater die Entscheidungs-
freiheit, dieses aufzuziehen oder nicht, d. h. es in den ersten Tagen nach
der Geburt auszusetzen. Zum Mittel der Aussetzung griff man namentlich bei kranken und mißgebildeten Kindern oder wenn bereits so viel
Nachwuchs vorhanden war, daß ein weiteres Kind die wirtschaftliche
Kraft einer Familie überfordert hätte. Besonders Mädchen waren dann
von diesem Los betroffen. Man setzte die Säuglinge an öffentlichen
Plätzen aus, wo die Möglichkeit bestand, daß andere sie fanden und
aufzogen, was nach der Häufigkeit des Motivs des Findelkindes bei
den Komikern nichts Seltenes war. War aber vom Vater die Aufzucht
des Kindes beschlossen, so wurde als Zeichen des Familienzuwachses im
Falle eines Knaben ein Olivenzweig, bei einem Mädchen Wollfäden an

Aspekte des Familienlebens

der Haustür aufgehängt. Am fünften oder zehnten Tag nach der Geburt wurde das Kind im Rahmen eines Familienfestes (Amphidromia) um den Herd des Hauses getragen und so offiziell anerkannt. Meist erhielt es auch bei dieser Gelegenheit seinen Namen, der bei Knaben oft der des väterlichen Großvaters war. Ein Aussetzen war nun gesetzlich nicht mehr erlaubt. Am dritten Tage der Apaturien, einem jährlichen Fest der Phratrien, brachte der Vater des Neugeborenen Opfer dar und erklärte unter Eid die Ehelichkeit seines Kindes, wonach die Eintragung in die Phratrieliste erfolgte.

Während der ersten sechs Lebensjahre waren die Kinder, Jungen wie Mädchen, der Sorge der Mutter und der weiblichen Dienerschaft anvertraut, während der Vater in dieser Zeit kaum praktischen Anteil an der Pflege und Erziehung nahm. Eine Anzahl von Darstellungen in der Kunst, besonders der Vasenmalerei, zeigt uns lebensnahe Szenen aus diesen ersten Kinderjahren. Hier ist namentlich eine Gruppe von kleinen Kännchen zu nennen, die vielleicht den Kindern geschenkt wurden, wenn diese im Alter von drei Jahren am dritten Tag des Anthesterienfestes, dem Choenfest, bekränzt wurden.

Meist mit Erreichen des siebten Lebensjahres werden die Knaben, während die Mädchen weiterhin in der Gynaikonitis unter der Obhut der Mutter leben, einem Hausklaven als Paidagogen beigegeben, dessen Hauptaufgabe es ist, diese auf dem Wege zum Unterricht in der Schule, der jetzt beginnt, zu begleiten und vor Belästigungen, nicht zuletzt homosexuellen Annäherungen, zu beschützen. Auch sonst hatte der Paidagoge für anständiges Benehmen seines Schützlings, über den er durchaus das Züchtigungsrecht hatte, zu sorgen. So waren die Paidagogen auch mit dem für sie typischen Knotenstock ausgerüstet. Wenn auch keine gesetzliche Schulpflicht bestand, war ein athenischer Vater dennoch aus moralischem Zwang der Gesellschaft gehalten, den Sohn auf die Schule zu schicken. Die Elementarschulen waren keine staatlichen Einrichtungen, sondern wurden auf privater Basis betrieben, und die Lehrer erhielten von den Vätern der Schüler ihre Vergütung. In einfachen Räumen wurde der Unterricht erteilt; der Grammatistes lehrte zunächst Schreiben und Lesen, wobei als Lehrmittel Wachstafeln und Griffel dienten, dann die Klassiker, voran Homer, was weitgehend ein Auswendiglernen ihrer Texte bedeutete. Ein ebenso bedeutendes Lehrfach war Musik, das nicht nur zur Festigung des Charakters beitragen sollte, sondern auch zum besseren Verständnis der stets mit musikalischen Einlagen ausgestatteten antiken Schauspiele. Darüber hinaus erhielt der Knabe auch praktischen Unterricht (Abb. 18) im Gesang und Instrumentalspiel, um auch selbst bei feierlichen Anlässen unter Umständen mitwirken zu können. Neben der geistigen Ausbildung wurde großer Wert auf körperliche Ertüchtigung gelegt, die unter der Aufsicht eines besonderen Lehrers, des Paidotriben, stattfand. Über die Gesamtdauer der Schulzeit sind wir nur ungenau informiert. Im allgemeinen

Abb. 18: Griechische Schulszene. Vasenbild des Duris. Berlin, Staatl. Mus. Preuß. Kulturbes. (Nach Schreiber, Kulturhist. Bilderatlas, Taf. 90.)

dürften Knaben in einem Alter zwischen fünfzehn und siebzehn Jahren die Schule verlassen haben. Freilich war dieser Zeitpunkt beim Fehlen einer gesetzlichen Regelung vom Gutdünken und auch den finanziellen Möglichkeiten des Vaters abhängig. Die Teilnahme an weiterführendem Unterricht nach Beendigung des Elementarunterrichtes bei naturwissenschaftlich ausgerichteten Philosophen, Sophisten oder Rhetoren war natürlich auch nur wenigen vorbehalten, wie denn auch die Schülerschaft der von Platon gegründeten Akademie exklusiv war.

Aspekte des Familienlebens

Als im 4. Jh. v. Chr. in Athen die Ephebeia eine feste staatliche Einrichtung wurde, wurde der junge Mann (Ephebos) mit neunzehn Jahren zu einer militärischen Ausbildung mit aktivem Dienst und Kasernierung für eine Dauer von zwei Jahren eingezogen. Mit der Ephebie begann die Großjährigkeit bei der Eintragung in die Liste des väterlichen Demos und der Ableistung eines Ephebeneides, während bereits nach Beendigung der Pubertät im Rahmen des Apaturienfestes — an dessen drittem Tag, der Kuriotis — unter Opfer an die Götter das bis dahin lang gewachsene Kopfhaar geschnitten und der Artemis geweiht worden war.

Die Erziehung der Mädchen fand, abgesehen von wohl seltenen Ausnahmen, daß diese eine Schule außerhalb des Hauses besuchten, innerhalb der Gynaikonitis unter der Leitung der Mutter statt. Es ist verständlich, daß das Bildungsniveau hier im allgemeinen recht niedrig blieb, wenn auch die Kenntnis des Lesens und Schreibens bei Frauen üblich war. Mehr Wert wurde auf das Erlernen der von den Frauen erwarteten praktischen Fähigkeiten, besonders des Spinnens und Webens, gelegt.

Außer der S. 89 unter Familie genannten Literatur: A. K l e i n , Child Life in Greek Art. New York 1932. Zusammenstellung von Vasenbildern aus dem Leben der Kinder mit Versen: E. Z w i e r l e i n - D i e h l , Helena und Xenophon. Ein archäologisches Kinderbuch. Mainz 1974.
Zu den attischen Festen: G. v a n H o o r n , De vita et cultu puerorum. Amstelodami 1909. L. D e u b n e r , Attische Feste. Berlin 1932. G. v a n H o o r n , Choes and Anthesteria. Leiden 1951, behandelt auch die Choenkännchen.
Zur Kinderaussetzung: R. T o l l e s , Untersuchungen zur Kindesaussetzung bei den Griechen. Diss. Breslau 1941. Der Kleine Pauly, s. v. Kinderaussetzung (Th. M e y e r - M a l y), mit weiterer Literatur.
Zur Erziehung in Auswahl: W. J a e g e r , Paideia. Die Formung des griechischen Menschen. 3 Bde. Berlin, Leipzig 1934 ff. V. P a l a d i n i , La storia della scuola nell'antichità. Milano 1952. F. K ü h n e r t , Allgemeinbildung und Fachbildung in der Antike. Berlin 1961. H.-J. M a r r o u , Histoire de l'éducation dans l'antiquité. 6. Aufl. Paris 1965. (Deutsch: Geschichte der Erziehung im klassischen Altertum. Hrsg. von R. H a r d e r . Freiburg, München 1957.) F. A. G. B e c k , Greek Education. 450—350 B. C. London 1964. J. V o g t , Alphabet für Freie und Sklaven. Zum sozialen Aspekt des antiken Elementarunterrichts. Rhein. Museum für Philol. 116. 1973, 129 ff. Bildliche Darstellungen: F. A. G. B e c k , Album of Greek Education. The Greeks at School and at Play. Sydney 1975.

Griechisch

c) Ehe, Hochzeit, Stellung der Frau

Nach Einführung des Epigamiegesetzes vom Jahre 451 v. Chr. war in Athen eine rechtmäßige Ehe nur zwischen athenischen Bürgern gültig. War diese Voraussetzung gegeben, so ging der Eheschließung ein Vertrag, die Engyesis, voraus. Dieser Rechtsakt fand im Beisein von Zeugen zwischen dem Bräutigam und dem Kyrios der Braut, also im Normalfall ihrem Vater, der über die Hand der Tochter frei verfügte, statt und übertrug die Rechte des Kyrios auf den Bräutigam. Dabei wurden auch die Fragen der Mitgift geregelt. Allerdings wurde die Engyesis und mit ihr die Ehe erst rechtsgültig durch die Ekdosis, die tatsächliche Übergabe der Braut an den Ehemann. Um das Familienvermögen möglichst nicht in den Besitz fremder Sippen gelangen zu lassen, waren Ehen zwischen Verwandten, etwa zwischen Onkel (Bruder des Vaters) und Nichte oder zwischen Vettern und Kusinen durchaus häufig, geradezu beliebt. Freilich hatte die Braut kaum ein Mitspracherecht bei der Auswahl ihres zukünftigen Mannes. Die Männer gingen gewöhnlich um ihr dreißigstes Lebensjahr die Ehe ein; das Heiratsalter der Mädchen war dagegen sechzehn bis achtzehn Jahre, doch waren sie oft noch jünger. Ein wichtiger Grund für die Frühverheiratung war auch die Sorge um die Garantie der Jungfräulichkeit der Braut, auf die der Grieche höchsten Wert legte. Die Aufnahme der Neuvermählten in die Phratrie ihres Gatten erfolgte am Kuriotistag des Apaturienfestes.

Die mit der Hochzeit verbundenen religiösen und familiären Zeremonien beginnen mit Gebeten und Opfern an die Götter, besonders die Ehegötter Zeus und Hera, und einem anschließenden kultischen Bad für Braut und Bräutigam, wobei man das Wasser für die Braut aus der Kallirhoequelle in langhalsigen Amphoren (Lutrophoren), auf denen deshalb häufig Hochzeitsbilder dargestellt sind (Taf. XI, Abb. 20, Textabb. 19), herbeibrachte. Daran schloß sich ein Festessen an, das der Brautvater in seinem Hause gab, worauf dann am Abend die Einholung der Braut erfolgte, die auf einem Wagen mit Teilen des Hausrates, begleitet von Mutter und Bräutigam in ihr neues Heim gebracht wurde (Taf. XI, Abb. 21 —, Taf. XII, Abb. 23). An der Schwelle desselben überreichte der Bräutigam ihr eine Quitte; im Haus wurden die Neuvermählten am Herde mit Katachysmata, Datteln, Feigen, Nüssen und kleinen Münzen, überschüttet. Sie zogen sich nun in das Brautgemach zurück, während Freunde draußen allerlei Scherze trieben. Am Tage darauf, den Epaulia, wurde die Neuvermählte beschenkt.

Was das Leben der athenischen Frau in der Ehe betrifft, so hat ein

94 Aspekte des Familienlebens

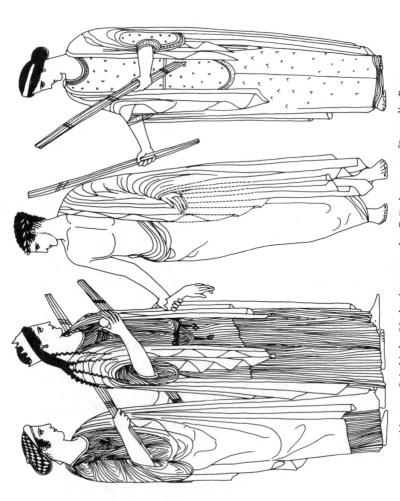

Abb. 19: Griechische Hochzeitsszene: der Bräutigam empfängt die Braut. Ausschnitt aus Vasenbild des Polygnotos. Toronto, Royal Ontario Mus. Cat. No. 929. 22. 3.

Griechisch

Teil der entsprechenden Wissenschaftsliteratur dieses gleichsam als das einer Gefangenen in der Enge und Eintönigkeit der Gynaikonitis ohne Kontakt mit der Außenwelt dargestellt, wobei der Sinn und Zweck der Ehe lediglich das Hervorbringen legitimer Nachkommen gewesen sei. Eine solch extreme Auffassung ist aber das Ergebnis einseitiger Auswertung von Schriftstellern tendenziöser Einstellung in bezug auf Ehe und Sexualität, nicht zuletzt Platons, und des Herausreißens bestimmter Aussagen antiker Autoren aus ihrem Zusammenhang. Sie verkennt die wahren Zustände ebenso wie die andere geäußerte extreme Ansicht einer völlig frei im Leben stehenden Frau im Athen der klassischen Zeit. Wie weit sich eine Ehefrau frei außerhalb des Hauses bewegen konnte, hing nicht zuletzt vom Stande ihrer Familie ab. Die Frauen gehobener und wohlhabenderer Familien waren viel mehr an das Leben im Hause gebunden, wo sie bei ihren Tätigkeiten — in der Hauptsache war dies das Zubereiten von Wolle und Weben — von Dienerinnen und Sklavinnen unterstützt wurden, als die Ehefrauen armer Bürger, die oftmals gezwungen waren, außerhalb ihren Lebensunterhalt zu verdienen, etwa als Hilfskräfte bei der Ernte, als Händlerinnen auf dem Markt oder Gehilfinnen in anderen Haushalten (vgl. Demosthenes 57, 45). Aber auch die Frauen der 'besseren' Familien lebten nicht etwa wie in einem orientalischen Harem völlig abgeschlossen von der Welt. Bei religiösen Festen in der Öffentlichkeit nahmen auch die Frauen an diesen teil, sie besuchten wie die Männer die dramatischen Aufführungen und familiäre Ereignisse in der Verwandtschaft wie Geburt, Hochzeit oder Tod waren Gelegenheiten, wo sie das Haus verließen. Was das menschliche Gefühl der Ehegatten zueinander betrifft, so dürfte es verfehlt sein, aus der Tatsache, daß dem Manne eine durch Sitte und Gesetz nicht beschränkte Möglichkeit zu sexueller Befriedigung mit Hetären und Sklavinnen gegeben war, zu folgern, daß die durchschnittliche athenische Ehe in diesem Punkt kalt gewesen sei, ist doch allein schon zu bedenken, daß wohl nur ein geringer Teil der Männer überhaupt die finanzielle Möglichkeit besaß, sich Sklavinnen zu halten oder Hetären zu bezahlen. Vor allem sprechen aber die Grabreliefs von hoher menschlicher und ethischer Wertschätzung der Frau.

Außer der S. 89 unter Familie bereits genannten umfassenden Literatur: W. E r d m a n n , Die Ehe im alten Griechenland. München 1934. (Münchener Beiträge zur Papyrusforschung und antiken Rechtsgeschichte. 20.) H. J. Wo l f f , Mariage Law and Family Organisation in Ancient Athens. Tradition 2, 1944, 43 ff. F. B r i n d e s i , La famiglia attica: Il matrimonio e l'adozione. Firenze 1961. C. V a t i n , Recherches sur le marriage et la condition de la femme mariée à l'époque hellenistique.

96   Aspekte des Familienlebens

Paris 1970. (Bibliothèque des Ecoles francaises d'Athènes et de Rome. 216.)
Zu den Hochzeitsbräuchen: A. N a w r a t h , De Graecorum ritibus nup-
tialibus e vasculis demonstrandis. Diss. Breslau 1914. F. F. F i n k , Hoch-
zeitsszenen auf attischen schwarzfigurigen und rotfigurigen Vasen. Diss.
Wien 1974. Zum kultischen Bad bei der Hochzeit: R. G i n o u v è s , Bala-
neutikè. Recherches sur le bain dans l'antiquité grecque. Paris 1962
(Bibliothèque des Écoles francaises d'Athènes et de Rome. 200.), S. 265 ff.
Zu den Katachysmata: E. S a m t e r , Familienfeste der Griechen und
Römer. Berlin 1901, S. 1 ff.
Zur Stellung der Frau: A. W. G o m m e , The Position of Women in the
Fifth and Fourth Centuries. Class. Philol. 20, 1925, 1 ff. L. R a d e r -
m a c h e r , Die Stellung der Frau innerhalb der griechischen Kultur. Mitteil. des Vereins der Freunde des humanist. Gymnasiums Wien 27, 1929,
6 ff. L. A. P o s t , Women's Place in Menander's Athens. Transactions
American Philosoph. Association 71, 1940, 420 ff. Ch. S e l t m a n , Ge-
liebte der Götter. Eine Kulturgeschichte der Frau im Altertum. Stuttgart
1958 (oft extrem in seinen Ansichten). J. V o g t , Von der Gleichheit der
Geschlechter in der bürgerlichen Gesellschaft der Griechen. Abb. Akad.
d. Wiss. und d. Literatur. Mainz. Geistes- und sozialwiss. Klasse 1960.
Nr. 2. E. F a n t h a m , Sex, Status, and Survival in Hellenistic Athens.
A Study of Women in New Comedy. Phoenix (Toronto) 29, 1975, 44 ff.

d) Totenkult

Einerseits aus der Verehrung des Verstorbenen und andererseits aus
dem Zwang, sich von der Unreinheit (Miasma), die durch ihn das Haus
und die Hinterbliebenen befällt, zu befreien, hat sich außer der Beisetzung selbst ein ausgedehntes Ritual entwickelt, für dessen durch religiöse und gesetzliche Vorschriften genau bestimmten Ablauf die Familie
verpflichtet war.

Nach dem Tode wurde der Leichnam von den Frauen der nächsten
Verwandtschaft oder anderen, die aber mindestens sechzig Jahre alt
sein sollten, gewaschen, gesalbt, bekleidet sowie mit Blumen, einem
Kranz und dergleichen geschmückt und auf einer Kline im Hause auf-
gebahrt. Während dieser Aufbahrung (Prothesis) fand die Totenklage
statt. Auf den namentlich in der Vasenmalerei (Abb. 20) zahlreichen
Prothesisdarstellungen sehen wir in einem fast immer gleichen Schema
die Männer im Klagegestus mit ausgestreckter Rechten und an den
Kopf geführten linken Hand, die Frauen ihr aufgelöstes Haar raufen
oder beide Hände über den Kopf zusammenlegen. Vor Sonnenaufgang
des dritten Tages nach dem Ableben — die Riten an diesem Tage hießen
ta trita — wurde der Tote in einer Prozession (Ekphora), die in klassi-

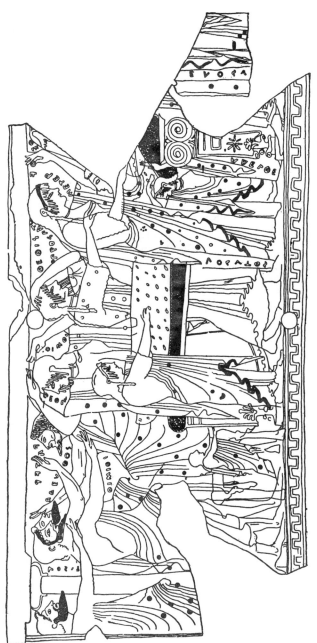

Abb. 20: Prothesis mit Totenklage. Schwarzfig. Tonplatte. Paris, Louvre.
(Nach Schreiber, Kulturhist. Bilderatlas, Taf. 95.)

98 Aspekte des Familienlebens

scher Zeit in Athen von Gesetzes wegen ohne Totenklage und in der Stadt auf Nebenstraßen zu erfolgen hatte, zum Beisetzungsplatz geleitet. Nach der Grablegung des Toten folgten als Kulthandlungen Gebete, Früchte- und Trankopfer sowie eine Reinigungszeremonie für die Teilnehmer (Aponimma). Im Hause des Toten oder der nächsten Verwandtschaft fand darauf das Perideipnon, ein festliches Mahl zu Ehren des Verstorbenen, statt. Nach erneuten Opfern und Totenmahl am neunten Tag (ta enata) und am dreißigsten Tag nach dem Tode war das offizielle Ende der Trauerzeit erreicht. Aber auch weiterhin erhielten die Toten ihren Kult, so an den jährlich mit Opfern begangenen Genesia und am dritten Tag der Anthesteria mit Früchtespende an Hermes Chthonios und Fürbitte für die Verstorbenen.

In Attika kamen seit frühester Zeit Körperbestattung und Totenverbrennung nebeneinander vor, wenn auch zu bestimmten Zeiten eine Form vorherrschen konnte, so in klassischer Zeit die Körperbestattung. Die Grabstätten lagen außerhalb des eigentlichen Wohngebietes, in klassischer Zeit also außerhalb der themistokleischen Stadtmauern; der Friedhof mit den monumentalsten und auch am besten erforschten Gräbern liegt im Nordwesten der Stadt vor dem Dipylon-Tor im Gebiet des Kerameikos. Das Körpergrab war eine rechteckige Grube, die noch mit Steinplatten ausgekleidet sein konnte. Oft wurde der Leichnam mit einem 'Dach' schräg gegeneinander gelehnter flacher Ziegel abgedeckt. Bei der Totenverbrennung wurde dieselbe entweder direkt in der Grabgrube vorgenommen, und der Leichenbrand bildete dann hier eine Schicht, oder sie fand außerhalb auf einem Scheiterhaufen statt, wobei dann die Asche in einem Gefäß geborgen und beigesetzt wurde. Beigaben sind sowohl im Inneren der Gräber wie auch außerhalb, d. h. in der Füllerde oder an einem besonderen seitlich gelegenen Opferplatz gefunden worden. Im ersteren Falle handelt es sich um Gegenstände mehr persönlichen Charakters wie etwa Schaber (Strigiles) bei Männern, Spiegel, Parfümbehälter oder Schmuck bei Frauen, Spielzeug oder Miniaturgefäße bei Kindern. Die Funde außerhalb des Grabes beschränken sich zumeist auf Tierknochen und besonders Gefäßbruchstücke, die von Opferhandlungen bei der Beisetzung herrühren. Unter diesen Gefäßen sind während des 5. Jh. v. Chr. zwei Gattungen besonders charakteristisch für Athen: die bereits bei den Hochzeitszeremonien erwähnten Lutrophoren — sie wurden auch häufig bei den kultischen Reinigungen während der Totenriten als Wassergefäße benutzt — sowie Lekythen mit auf den Totenkult bezugnehmenden Darstellungen in weißgrundiger Maltechnik (Taf. XIII, Abb 24). Ihre Bilder zeigen, daß sie selbst, wohl mit Öl gefüllt, an den Gräbern als Weihegaben aufge-

Griechisch 99

stellt wurden. Es war Sitte, das Grab außen durch einen Aufsatz zu kennzeichnen. In den einfachsten Fällen konnte dieser ein kleiner schmuckloser Pfeiler mit dem Namen des Toten sein, doch war er fast stets irgendwie künstlerisch ausgestaltet. In der Ausgestaltung dieser Grabaufsätze hat die griechische Kunst eines ihrer bedeutendsten Betätigungsfelder gefunden und Werke höchsten Ranges geschaffen. Der Typenschatz umfaßt im klassischen Athen u. a. flache, schmale Stelen mit einer Bekrönung in Pflanzenornament und Darstellungen in Malerei oder Relief, skulpierte marmorne Grabvasen, besonders in der Form der Lutrophoren und Lekythen, Grabreliefs mit architektonischer Rahmung wie auch rundplastische Statuen. Im Laufe des 4. Jh. v. Chr. läßt sich eine ständige Steigerung im Aufwand dieser Grabmonumente beobachten, bis eine den Grabluxus einschränkende Gesetzgebung des Demetrios von Phaleron vom Jahre 317 v. Chr. nur noch bescheidene Denkmäler zuließ (vgl. Cicero, de leg. II, 64 ff.). Die attischen Grabreliefs, selbst Arbeiten bescheidener handwerklicher Qualität, beeindrucken fast in allen ihren bildlichen Darstellungen — im Gegenüber von Herrin und Dienerin, im Zusammensein von Mann und Frau, der Mutter mit ihrem Kind — durch eine rührende, tief menschliche Aussagekraft.

Die schwierige Aufgabe, die äußerst vielfältigen Probleme und Forschungsergebnisse betreffend den griechischen Totenkult und das Gräberwesen konzis darzustellen, erfüllten D. C. K u r t z , J. B o a r d m a n , Greek Burial Customs. London 1971. Vgl. auch der Kleine Pauly, s. v. Totenkult (D. W a c h s m u t h), mit reicher Bibliographie.

Zur Totenklage: E. R e i n e r , Die rituelle Totenklage der Griechen. Stuttgart, Berlin 1938. (Tübinger Beiträge zur Altertumswissenschaft. 30.) Zu den rituellen Waschungen: R. G i n o u v è s , Balaneutikè, S. 239 ff. Darstellungen der Totenklage haben eine alte Tradition in der griechischen Kunst: G. A h l b e r g , Prothesis and Ekphora in Greek Geometric Art. Göteborg 1971. (Studies in Mediterranean Archaeology. 32.) Für die archaische und klassische Zeit: W. Z s c h i e t z m a n n , Die Darstellungen der Prothesis in der griechischen Kunst. AM 53, 1928, 17 ff. J. B o a r d m a n , Painted Funerary Plaques and Some Remarks on Prothesis. BSA 50, 1955, 51 ff. O. T o u c h e f f e u - M e y n i e r , Un nouveau 'phormiskos' à figures noires. RA 1972, 93 ff.

Zu den Kermeikosgräbern: A. B r u e c k n e r , Der Friedhof am Eridanos bei der Hagia Triada zu Athen. Berlin 1909. Kermeikos. Ergebnisse der Ausgrabungen. Berlin 1939 ff. Ferner laufend Berichte in der Zeitschrift ›Athenische Mitteilungen‹.

Zu den Grabaufsätzen: A. C o n z e , Die attischen Grabreliefs. Berlin 1893—1906. H. D i e p o l d e r , Die attischen Grabreliefs des 5. und 4. Jahrhunderts v. Chr. Berlin 1931. K. F. J o h a n s e n , The Attic Grave-

100   Aspekte des Familienlebens

Reliefs of the Classical Period. An Essay in Interpretation. Copenhagen 1951. J. T h i m m e , Die Stele der Hegeso als Zeugnis des attischen Grabkultes. Antike Kunst 7, 1964, 16 ff. D e r s ., Bilder, Inschriften und Opfer an attischen Gräbern. AA 1967, 199 ff. B. S c h m a l t z , Untersuchungen zu den attischen Marmor-Lekythen. Berlin 1970. G. K o k u l a , Marmorlutrophoren. Diss. München 1965. Köln 1974.

e) Haussklaven

Wenn Aristoteles (Polit. I, 1, 3—6) zu einem vollständigen Haushalt (Oikos) außer Mann, Frau und Kindern auch Sklaven als notwendig zugehörig erachtet, so läßt sich dagegen auf Grund anderer Überlieferung schätzen, daß sich höchstens ein Viertel der Bevölkerung einen oder mehrere Haussklaven leisten konnte. Zudem war von den 60 000 bis 80 000 Sklaven, die schätzungsweise im 5. Jh. v. Chr. in Athen lebten, auch nur ein geringer Teil als Diener in Haushalten tätig; die meisten arbeiteten in den Bergwerken, waren Handwerker oder Landarbeiter. Die Haussklaven wurden mit den verschiedensten Aufgaben betraut, wobei man ihnen sogar zu ihrer eigenen Verantwortung die Aufzucht und Erziehung der Kinder übertrug, sei es als Amme, Kindermädchen oder als Paidagogos der Knaben. Die Übertragung einer solch hohen, den Charakter der Kinder und Jugendlichen beeinflussenden Aufgabe auf Sklaven ist um so erstaunlicher, als diese in der Mehrzahl von ihrer Herkunft Barbaren waren, und der Grieche sonst alles Barbarische als minderwertig mißachtete. Andererseits nennt die Überlieferung zahlreiche Fälle, daß sich aus dieser Betreuer- und Erziehertätigkeit ein tiefes, auch während des weiteren Lebens andauerndes, fast verwandtschaftliches Treueverhältnis zwischen einem Freien und einem Sklaven entwickelte.

Im ganzen war die Behandlung — besonders verglichen mit Zuständen der späteren Zeit — der Sklaven im klassischen Athen sehr human. Sie waren gesetzlich vor Mißhandlungen Dritter geschützt und hatten religiöse Freiheit. Die Pflege kranker Sklaven gehörte zur Aufgabe der Hausfrau (vgl. Xenophon, oecon. VII, 37). Nach Xenophon (Athen. polit. 10 ff.) unterschieden sich Bürger und Sklaven nicht in der Kleidung, und es ist bezeichnend, daß auch die klassische Kunst die Sklaven sehr selten in abwertender Erscheinung darstellte.

Für die so überaus umfangreiche Literatur über die griechische Sklaverei sei auf J. V o g t , Bibliographie zur antiken Sklaverei, Bochum 1971 verwiesen. Zum Anteil der Haussklaven bei der Gesamtzahl der Sklaven:

A. H. M. J o n es , Die wirtschaftliche Grundlage der athenischen Demokratie. Die Welt als Geschichte 14, 1954, 10 ff. Zur Menge der Sklaven in Athen im 5. Jh. v. Chr.: G. D e S t e . C r o i x , Class. Rev. 71, 1957, 54 ff. Zur Rolle der Sklaven in der griechischen Erziehung: J. V o g t , Sklaverei und Humanität. Studien zur antiken Sklaverei und ihrer Erforschung. Wiesbaden 1972. (Historia. Einzelschriften. 8.) Zur Religion der Sklaven: F. B o e m e r , Untersuchung über die Religion der Sklaven in Griechenland und Rom. 4 Bde. Wiesbaden 1957—63.
Zur Darstellung der Sklaven in der klassischen Kunst: N. H i m m e l - m a n n , Archäologisches zum Problem der griechischen Sklaverei. Akad. d. Wiss. und d. Literatur. Mainz. Abh. d. geistes- u. sozialwiss. Kl. 1971 Nr. 13.

B. Römisch

a) Die Familie

Der charakteristische Wesenszug der römischen Familie ist die autokratische Gewalt (Patria potestas) des Familienoberhauptes (Pater familias). Außer den gesamten Sachgütern und den Sklaven unterstehen dem Pater familias und seiner Potestas seine legitimen Kinder und deren Nachkommen, seine Ehefrau sowie die Ehefrauen seiner Nachkommen (falls es sich um Manus-Ehen handelt, dazu s. S. 107), ferner durch Adoption in die Familie Aufgenommene. Die Patria potestas war weder privatrechtlich noch strafrechtlich begrenzt und umfaßte somit etwa das Züchtigungsrecht, das Recht zur Aussetzung neugeborener Kinder, das Recht, Kinder jeden Alters zu verkaufen oder zu verpfänden, sogar zu töten (Ius vitae necisque). Allerdings wachten über mißbräuchliche Ausübung der Patria potestas die Sittenkontrolle der Censoren, als dieses Amt bestand, wie auch religiöse Verbindlichkeiten. Jedenfalls wurde es üblich, daß der Pater familias vor schwerwiegenden Entscheidungen, etwa der Aussetzung eines neugeborenen Kindes, ein 'Hausgericht' aus Verwandten und Nachbarn anhörte. Die Patria potestas beinhaltete auch, daß jeder Vermögenserwerb der dem Pater familias Unterstellten diesem zukam, die Abhängigen also kein eigenes Vermögen hatten. Doch wurde es üblich, den Abhängigen (u. U. auch den Sklaven) ein mehr oder weniger großes Sondervermögen zur eigenen Wirtschaftung zu überlassen, das zwar offiziell Eigentum des Pater familias blieb, aber auf Grund einer allgemein anerkannten Sitte von diesem nicht zurückgefordert wurde. Ein Charakteristikum der Patria potestas war es auch, daß sie nicht mit dem Erreichen der Großjährigkeit der Söhne endete, wodurch sich die Stellung des Pater familias von der des griechischen Kyrios unterschied. Beendet wurde die Patria potestas durch den Tod des Pater familias, wodurch die Söhne und Töchter (sui iuris) frei wurden, die Enkel aber unter die Patria potestas ihres Vaters kamen, falls dieser lebte, sonst aber auch sie frei wurden. Ansonsten konnten die Abhängigen durch die Emancipatio aus der Patria potestas entlassen werden, wobei sie vom Pater familias zum Schein an eine dritte Person verkauft wurden, der sie dann dem Pater familias wieder übergab, worauf er sie freilassen konnte. Auch sakralrechtlich und in Ausübung des Hauskultes der Laren und Penaten war der Pater familias das Haupt der Familie.

Die einzelnen römischen Kleinfamilien mit ihrem jeweiligen Pater familias an der Spitze gehören zu einem größeren Geschlechterverband, der Gens, die sich auf einen gemeinsamen Stammvater zurückführt; ihre Zusammengehörigkeit kommt im gleichen Familiennamen (Nomen gentile) für alle Mitglieder zum Ausdruck. Waren in der Republik die Gentes ein wichtiger politischer Faktor bei der Ämterbesetzung, so beschränkt sich ihre Bedeutung später immer mehr auf Sakrales, gelegentlich auch auf Grabgemeinschaften. Erbrechtlich bedeutsam ist der Verwandtenkreis der Adgnati, das sind diejenigen Personen, die beim Tode eines Pater familias gewaltfrei werden.

Zur römischen Familie im weiteren Sinne gehören auch die Freigelassenen, die ihrem Patronus sittlich und rechtlich weiterhin zu Leistungen verpflichtet sind, während der Patronus seinerseits aus gleichen Gründen eine Fürsorgepflicht für sie behält, sowie auch die Clientes. Diese waren freie Bürger, die sich einem einflußreichen Herrn als Gefolgsleute anschlossen, ihn politisch durch Stimmabgaben für ihn und gesellschaftlich als sein Gefolge bei öffentlichem Auftreten unterstützten, wofür der Patronus ihnen wirtschaftlich durch Geld- und Nahrungsmittelspenden sowie in Rechtsstreitigkeiten durch Vertretung beim Gericht Schutz gewährte. Als in der Kaiserzeit der politische Aspekt des Klientenwesens entfiel, diente es ganz dem Prestige und der Repräsentation eines Wohlhabenden. Die Clientes waren zu einem zeremoniell fest geregelten Morgenempfang bei ihrem Patronus verpflichtet, wobei sie ein Tagegeld (Sportula) — in traianischer Zeit in einem allgemein festen Satz von 6 $^1/_4$ Sesterzen pro Tag — erhielten. So waren die Sportula ein wichtiger Faktor in der 'Sozialfürsorge', stellten sie doch zusammen mit der staatlichen verbilligten oder kostenlosen Lebensmittelverteilung die Existenzgrundlage für das städtische beschäftigungslose Bürgerproletariat dar.

Zur römischen Familie: R. P a r i b e n i, La famiglia romana. Roma 1929. Reichhaltig an archäologischen Quellen für die Familie und das

Römisch   103

Familienleben im weiteren Sinne ist M. B o r d a , La vita familiare
romana nei documenti archeologici e letterari. Città del Vaticano. (Collezione ›Amici delle Catacombe‹. 11.)
Für alle privatrechtlichen Aspekte der römischen Familie sei grundsätzlich
hingewiesen auf M. K a s e r , Das römische Privatrecht. 1. Abschnitt. Das
altrömische, das vorklassische und klassische Recht. 2. Aufl. München
1971. (Handbuch der Altertumswissenschaft. 10, 3, 3, 1.) Daneben auf:
F. S c h u l z , Classical Roman Law. Oxford 1951. A. G u a r i n o ,
Diritto privato romano. Lezioni istituzionali di diritto romano. 3. Aufl.
Napoli 1966. Bequeme Auswahl antiker Texte in französischer Über-
setzung: J. G a u d e m e t , Le droit privé romain. Textes choisis. Paris
1974. s. auch RE, s. v. Potestas patria (E. S a c h e r s); Pater familias
(E. S a c h e r s). Zur Gens: C. C a s t e l l o , Studi sul diritto familiare
e gentilizio romano. Milano 1944. Der Kleine Pauly, s. v. Gens (D. M e -
d i c u s), mit weiterer Literatur. Zu den Adgnati: A. G u a r i n o , Pauli
de gradibus et adfinibus et nominibus eorum liber singularis e la com-
pilazione di D 38, 10. Studia et documenta historiae et iuris 10, 1944,
290 ff.
Zu den Freigelassenen und ihrem Verhältnis zum Patronus: A. M. D u f f ,
Freedmen in the Early Roman Empire. Activity and Influence of Freedmen in Life Legal, Political, Social and Economic Department. Oxford
1928. J. L a m b e r t , Les operae liberti. Contribution à l'histoire des
droits de patronat. Paris 1934. P. P e s c a n i , Le 'operae libertorum'.
Saggio storico-romanistico. Quaderni del Boll. della Scuola di perfezio-
namento e di specializzazione in diritto del lavoro e della sicurezza sociale. 23. Trieste 1967. S. T r e g g i a r i , Roman Freedmen during the
Late Republic. Oxford 1969.
Zu den Sportulae: RE, s. v. Sportula (A. H u g). Zum Klientenwesen in
der Kaiserzeit: L. F r i e d l ä n d e r , Darstellungen aus der Sittengeschichte Roms. 10. Aufl. Leipzig 1922, Bd I, S. 225 ff.

b) Das Kind und seine Erziehung

Gleich nach der Geburt fand ein für das Leben des Kindes entscheiden-
der Akt statt: die Anerkennung durch den Pater familias. Sie geschah
durch eine symbolhafte Handlung, indem das Neugeborene auf die
Erde gelegt wurde und der Pater familias es aufhob. Nach außen tat man
die Tatsache des Familienzuwachses durch eine festliche Bekränzung
der Haustür kund. In den ersten Tagen nach der Geburt wurden allerlei übelabwehrende Bräuche praktiziert; hierzu gehörte es auch, daß
man den Kleinkindern Halsbänder mit vielen Amulettanhängern oder
bei Knaben zumeist eine Bulla umlegte. Die Namensgebung erfolgte

104   Aspekte des Familienlebens

am Dies lustricus, der bei Knaben der neunte, bei Mädchen der achte
Tag nach der Geburt war, gleichzeitig mit einer kultischen Reinigung
des Kindes im Rahmen eines Familienfestes. Da Nomen gentile und oft
auch das Cognomen als erblicher Name der Gens bzw. Familie durch
Geburt festlagen, betraf die Namensgebung freilich nur das Praenomen,
das aber wiederum bei Personen weiblichen Geschlechtes schon im 3./2.
Jh. v. Chr. außer Gebrauch kam, während der persönliche weibliche
Name wie ein Cognomen dem Nomen gentile angefügt wurde. Seit
augusteischer Zeit war es Pflicht, die Geburt eines legitimen Kindes mit
römischem Bürgerrecht öffentlich registrieren zu lassen — in der Stadt
Rom beim Praefectus Aerarii Saturni —, eine Pflicht, die unter der Regierung des Marcus Aurelius auch auf illegitime Kinder ausgedehnt
wurde.

In den ersten Lebensjahren übernahmen — zumindest in wohlhaben-
deren Familien — die praktischen Aufgaben der Ernährung und Pflege
der Kinder Ammen, die — auch unter medizinischen Gesichtspunkten —
streng ausgewählt wurden, sowie Sklavinnen unter der Oberaufsicht der
Mutter. Etwa mit dem siebten Lebensjahr begann der Besuch der Elementarschule, wobei man zu diesem Zeitpunkt nach griechischem Vorbild
dem Kind einen aus dem Kreis der Haussklaven ausgewählten Pädagogen oder Custos zur Betreuung zuwies. Die Elementarschulen (Ludi litte-
rarii) waren private Unternehmen unter der Leitung eines Ludi ma-
gister, der für seine Tätigkeit von der Familie des Schülers entlohnt
wurde, meist recht kümmerlich. Beim Fehlen eigener Schulgebäude fand
der Unterricht in wenig aufwendigen Mieträumen oder auch im Freien
statt, wohl oft für Jungen und Mädchen gemeinsam (vgl. Martial IX,
68), bei einer täglichen Schulzeit von sechs Stunden, die durch das von
den Schülern zu Hause eingenommene Mittagessen unterbrochen wurde.
Oft mit drastischen Methoden, Prügel und lautem Gebrüll, brachte der
Elementarlehrer seinen Schülern das Lesen, Schreiben und Rechnen bei,
wobei der Rechenunterricht aber auch von einem besonderen Lehrer,
dem Calculator, gegeben wurde. Auch das Stenographieren wurde gelegentlich auf der Elementarschule unter Anleitung eines Notarius ge-
lehrt. Die meisten Römer werden die Kenntnis des Lesens, Schreibens
und Rechnens wie Trimalchio (Petron, sat. 58, 7; 75, 4) als ausreichend
für das praktische Leben betrachtet und den Unterricht ihrer Kinder
auf den Besuch der Elementarschule beschränkt haben. Trotz Fehlens
einer gesetzlichen Schulpflicht war es aber durchaus üblich, daß man
wenigstens die Elementarschule besucht hatte, waren doch Analphabe-
ten offenbar verhältnismäßig selten; die beste Vorstellung hierüber
geben — allerdings für die Verhältnisse in Ägypten — Papyri. Bei

Römisch 105

durchaus ähnlichen Lehrmethoden besteht ein wesentlicher Unterschied zwischen dem Unterricht der Römer und dem der Griechen klassischer Zeit darin, daß auf körperliche Ertüchtigung innerhalb der Schulausbildung kein Wert gelegt wurde.

Nach Beendigung des Elementarunterrichtes konnte man die Schule eines Grammaticus besuchen. Ursprünglich waren die Grammatici Griechen, und der Lehrstoff beschränkte sich auf das Erlernen der griechischen Sprache und Vertrautwerden mit griechischer Literatur, bis unter Augustus auch das Studium der lateinischen Klassiker, besonders des Ennius, Terenz und Vergil, hinzutrat. Der Unterricht wurde somit zweisprachig wie es damals überhaupt in den gebildeteren Kreisen üblich war, das Griechische in Wort und Schrift zu beherrschen wie die eigene lateinische Muttersprache.

Die höchste Stufe im Schulsystem war die Rhetorenschule, die mit dem Ziel besucht wurde, die namentlich für eine politische oder iuristische Laufbahn damals als unbedingt notwendig vorausgesetzte Eloquenz zu erwerben. Da auch in den römischen Rhetorenschulen die großen griechischen Redner neben den lateinischen als Vorbild galten, war auch hier die Ausbildung zweisprachig. Der Unterricht vollzog sich in schriftlichen wie mündlichen Übungen, wo bei diesen wieder zwei Formen besonders gepflegt wurden: die Suasoriae, in denen man die Gründe für eine bestimmte Entscheidung vortrug, und die Controversiae, in denen zwei Schüler ein Streitgespräch über ein fingiertes Thema aus der Geschichte oder einen Rechtsfall vortrugen. Bei allem war die Imitatio wichtig, d. h. einem gewollten Vorbild unter den großen Rednern in der Form möglichst nahe zu kommen. Daß bei der allgemeinen Wertschätzung der Rhetorik zahlreiche diesbezügliche Lehrbücher verfaßt wurden, ist verständlich. Ein solches ist die breit angelegte Institutio oratoria des Quintilian (ca. 30—96 n. Chr.), aus der zu entnehmen ist, ein wie großer Wert auch auf passende Kleidung und wirkungsvolle Gestik des Redners gelegt wurde. Seit der späteren Republik war es auch üblich geworden, daß der wohlhabende gebildete Römer als junger Mann eine 'grand tour' im griechischen Osten unternahm, um dort in den berühmten Zentren der Rhetorik wie Athen, Rhodos oder auch Berytos seine Fähigkeiten zu vervollkommnen.

Wie gesehen, konnte die Schul- und Studienzeit über die Jahre der Kindheit hinaus bis in die Mannesjahre reichen. Das Ende der Kindheit und Erreichen der Volljährigkeit wurde dadurch kund getan, daß der junge Mann, zumeist im fünfzehnten oder sechzehnten, spätestens aber bei Vollendung des siebzehnten Lebensjahres, mit dem früher die Verpflichtung zum Kriegsdienst begonnen hatte, die bis dahin als Knabe

106   Aspekte des Familienlebens

getragene, mit einem Purpurstreifen verzierte Toga, die Toga praetexta,
ablegte und seine Bulla im Lararium des Hauses aufhängte, was im
Rahmen eines Familienfestes mit Opfern und einem feierlichen Essen
stattfand. Darauf wurde er zum ersten Mal mit der weißen schmuck-
losen Männertoga, der Toga virilis, bekleidet von Verwandten und
Freunden auf das Forum geleitet (Tirocinium fori). Einen entsprechenden Großjährigkeitsakt gab es für Mädchen nicht. Das Ablegen der
Kindertracht geschah bei ihnen im Rahmen der Hochzeitszeremonie.

> Hier sei auch auf die allgemeine Literatur zur Familie S. 102 f. verwiesen.
> Zu den Ammen: W. B r a a m s , Zur Geschichte des Ammenwesens im
> klassischen Altertum. Jena 1913. (Jenaer medizinisch-historische Beiträge.
> 5.) Reallexikon für Antike und Christentum, s. v. Ammen (Th. H o p f -
> n e r). Zur Namensgebung: P. D o e r , Untersuchungen zur römischen
> Namengebung. Berlin 1937. Zur Geburtsanmeldung: F. S c h u l z ,
> Roman Registers of Births und Birth Certificates. JRS 32, 1942, 78 ff.;
> Forts.: JRS 33, 1943, 55 ff.
> Zur Erziehung, außer den S. 92 genannten die ganze Antike umfassen-
> den Arbeiten: A. G w y n n , Roman Education from Cicero to Quinti-
> lian. Oxford 1926. D. J. C l a r k , Rhetoric in Greco-Roman Education.
> 2. Aufl. New York 1957. Der Kleine Pauly, s. v. Rhetorik (H. H o m -
> m e l , K. Z i e g l e r), mit weiterer Literatur. H. S c h u l z - F a l k e n -
> t h a l , Zur Lehrlingsausbildung in der römischen Antike. Discipuli und
> discentes. Klio 54, 1972, 193 ff.
> Zum Anlegen der Toga virilis: E. S a m t e r , Familienfeste der Griechen
> und Römer. Berlin 1901, S. 74 ff. RE, s. v. Tirocinium fori (J. R e g n e r).

c) Ehe, Hochzeit, Stellung der Frau

Unbedingte Voraussetzung für eine rechtmäßige Ehe waren die körperliche Reife (Pubertas) der Eheschließenden, die bei Knaben rechtlich
mit dem vierzehnten, bei Mädchen mit dem zwölften Lebensjahr als
erreicht galt, das Nichtbestehen direkter agnatischer Verwandtschaft
sowie das Einverständnis des Pater familias, falls die Brautleute einem
solchen gewaltunterworfen waren. Eine vollwirksame Ehe (Matrimonium iustum) war nur dann gegeben, wenn beide Partner das römische
Bürgerrecht besaßen oder ein Partner Bürger eines zwar nicht mit dem
römischen Bürgerrecht, doch mit dem Recht des Conubium (gegenseitiges
Heiratsrecht) ausgestatteten fremden Gemeinwesens war. Durch die
augusteischen Ehegesetze, die im Gegensatz zur hergebrachten römischen
Auffassung Unvermählte politisch und steuerlich diskriminierten,
wurde den römischen Bürgern das Conubium mit Frauen zweifelhaften

Rufes (Dirnen, Schauspielerinnen usw.) sowie den Angehörigen des Senatorenstandes ein solches mit Freigelassenen entzogen. Lebensgemeinschaften trotz solcher Ehehindernisse galten nicht als Matrimonium, sondern als Concubinatus. Der Concubinatus war aber eine gar nicht seltene Form der Lebensgemeinschaft, sowohl bei den durch die augusteischen Gesetze unmittelbar betroffenen höheren Ständen als auch besonders in den niederen Schichten des Volkes in Form von Verbindungen von Sklaven mit Freigelassenen oder gar Vollbürgern, zumal Sklaven oft einflußreiche Positionen bei ihren Patroni innehatten.

Es gab nun zwei Formen des Matrimonium. Bei der einen, der Manus-Ehe, schied die Braut aus der Potestas ihres eigenen Pater familias aus und kam unter die Gewalt — in Beziehung zur Frau ist die Bezeichnung der Gewalt des Pater familias 'manus' — ihres Ehemannes bzw. dessen Pater familias. Sie wurde dadurch mitsamt ihrem eigenen Vermögen volles Mitglied dieser Familie und hatte die gleichen, auch Erbrechte, wie eine andere Haustochter. Die Begründung der Manus konnte auf drei verschiedene Weisen erfolgen: 1. Durch die Confarreatio. Diese war ein sakraler Ritus unter Mitwirkung höchster Priester, des Pontifex maximus und des Flamen dialis. Unter anderem opferten die Brautleute dabei Speltbrot (Panis farreus), woher sich der Name dieser feierlichsten Form der Eheschließung ableitet, die wohl nur Patriziern vorbehalten war. 2. Durch Coemptio, einem Scheinkauf der Braut. 3. Durch 'Usus'. Dabei wurde die Manus durch ein einjähriges ununterbrochenes Zusammenleben mit der Frau 'ersessen'. Sollte die Ersitzung der Manus nicht erfolgen, mußte die Frau drei Nächte in jedem Jahr außerhalb des Hauses verweilen. Der Erwerb der Manus durch Usus war aber später (2. Jh. n. Chr.: Gaius 1. 111) außer Gebrauch gekommen.

Bei der anderen Form der Ehe blieb die Frau unter der Potestas ihres elterlichen Pater familias, bzw. sie blieb sui iuris. Begründet wurde eine solche manus-freie Ehe durch einen vor Zeugen aufgestellten Ehevertrag. Sie machte die Frau nicht zum Mitglied der Familie ihres Ehemannes. Die Frau behielt also ihr durch Geburt erworbenes Nomen gentile bei und blieb auch im Besitz ihres eigenen Vermögens. Die manus-freie Ehe war die weitaus üblichste Form der Ehe, gegen Ende der Republik praktisch die einzige. Auch war die Scheidung einer solchen Ehe einfacher, da hier die formal schwierige Aufhebung der Manus entfiel. Zu unterscheiden ist die Scheidung im gegenseitigen Einvernehmen (Divortium) und die einseitig gewollte Scheidung (Repudium), die der Scheidungswillige dem Partner in der Regel durch einen Boten (Nuntium remittere, res tuas tibi habeto) kundtat. Außer bei nachgewiesenem

108   Aspekte des Familienlebens

Ehebruch der Frau, bei dem die Scheidung obligatorisch war, war der geschiedenen Frau die Mitgift zu erstatten, wodurch sie einen gewissen Schutz vor leichtfertiger Scheidung seitens des Mannes hatte.

Wie bei den Griechen war auch bei den Römern die Hochzeit mit bestimmten religiösen und familiären Zeremonien verbunden. Bereits bei dem Verlöbnis, das der Hochzeit durchaus längere Zeit vorausgehen konnte, schenkte der Bräutigam der Braut einen Ring, der von ihr am vierten Finger der linken Hand getragen wurde. Erhaltene Ringe mit dem Motiv zweier verschlungener Hände werden wohl zu Recht als solche Verlobungsringe gedeutet. Am Abend vor dem Hochzeitstag legte die Braut ihre bisherige Mädchentracht — in früheren Zeiten trug sie wie die Knaben eine Toga praetexta — ab und opferte sie zusammen mit ihrem Spielzeug den Laren und der Vesta. Vorher wurde sie mit einer langen weißen Tunika (Tunica recta), die mit einem als Herakles-knoten geschlossenen Wollgürtel gegürtet war, und darüber einer gelb-roten Palla bekleidet. Ihr Haar wurde mit einer Lanzenspitze (Hasta coelibaris) in sechs lange Zöpfe geteilt, mit Wollfäden (Vittae) um-wickelt und auf dem Kopf als Tutulus aufgebunden. Darüber trug sie einen roten Schleier (Flammeum). Dies war auch ihre Tracht am Hoch-zeitstage selbst. Am frühen Morgen begann dieser im Hause der Braut-eltern mit einer Eingeweideschau (Extispicium) eines Opfertieres, um die Zustimmung der Götter zu erkunden. Darauf folgte die Aufstellung des schriftlichen Ehevertrages, und die Brautleute reichten sich im Bei-sein einer Brautführerin (Pronuba), einer älteren Frau, die in erster Ehe leben mußte, ihre rechten Hände (Dextrarum iunctio). Diese Dex-trarum iunctio wurde ein häufiges Thema in der bildenden Kunst, namentlich auf Sarkophagen (Taf. XIII, Abb. 25), wo der Bräutigam stets mit der Toga bekleidet ist und in der Linken die Schriftrolle mit dem Ehevertrag hält, während die Braut über einer langen Tunika eine auch den Kopf bedeckende Palla trägt. Zwischen beiden erscheint im Hintergrund eine weibliche Gestalt (Iuno pronuba?); dabei sind links im Bilde oft auch die Zeugen dargestellt. Nach einem Festmahl wurde die Braut von drei Knaben, deren Eltern noch leben mußten, in das Haus ihres Bräutigams beim Schein einer Fackel unter dem Ruf „thalas-sio" und dem Absingen von Spottversen (Fescennini versus) geleitet. Dort angekommen, bestrich die Braut die Pfosten der Tür mit Fett und umwand sie mit Wollbinden, worauf sie über die Schwelle des Hauses gehoben wurde. Im Atrium nimmt sie jetzt der Gatte durch Darreichung von Wasser und Feuer symbolisch in seine Hausgemeinschaft auf. Es folgte noch eine Zeremonie, bei der die junge Frau von drei mitgebrach-ten As-Münzen eine, die sie in der Hand hielt, dem Gatten übergab, eine zweite, die sie unter dem Fuße hatte, auf dem Herd für den Lar familiaris ablegte, und eine dritte, die sie in einer Tasche trug, am nächsten Kreuzweg beim Hause erklingen ließ. Nach der Hochzeitsnacht brachte der nächste Tag erneut Opfer und ein Festmahl im Kreise der Verwandten und Freunde. Ob diese ausgedehnten Zeremonien, die übrigens rechtlich für die Begründung einer Ehe bedeutungslos waren, stets in ihrer ganzen Breite durchgeführt wurden, ist kaum anzunehmen; war die Frau als Witwe oder Geschiedene bereits vermählt gewesen, entfielen sie ohnehin.

Was Stellung und Ansehen der Frau in der römischen Familie und Gesellschaft betrifft, so ist freilich zu unterscheiden zwischen Frauen, die in einer Manus-Ehe lebten und rechtlich ihrem Gatten oder dessen Vater gewaltunterworfen waren und Frauen in manus-freier Ehe mit ihrer rechtlichen Gleichberechtigung. Trotz der juristischen Abhängigkeit von ihrem Manne bzw. dem Pater familias genoß die in Manus-Ehe verheiratete Frau als Matrona aber ein Ansehen in Familie und Gesellschaft, das sie ihrem Manne faktisch gleichstellte. Hierin drückt sich das besondere Verhältnis der Römer zu ihren Frauen aus, indem diesen von vornherein ein größeres Ausmaß an Selbständigkeit zugestanden wird als es beispielsweise in Athen während der klassischen Zeit üblich war. So nahm die Ehefrau zusammen mit ihrem Mann sowohl zu Hause wie auch außerhalb an Gastmählern teil; Frauen besuchten gleichermaßen nicht nur Theatervorführungen, sondern auch Spiele der Arena und des Circus, aber auch die öffentlichen Thermen waren zu besonderen Tageszeiten oder gar gleichzeitig den Frauen zugänglich. In Familien hohen Standes war es seit dem letzten Jahrhundert der Republik üblich, auch verstorbenen weiblichen Angehörigen beim Begräbnis die öffentliche Leichenrede zu halten. Nicht zuletzt kommt die verhältnismäßig hohe Stellung der Römerin auch darin zum Ausdruck, daß sie im Verhältnis zur Griechin klassischer Zeit eine weit bessere Schulbildung erhielt. Daß Frauen griechische Klassiker lasen, war nicht ungewöhnlich (Ovid, Ars amat. III, 329 ff.); manche docta puella war selbst als Dichterin tätig. Seit der späteren Republik artete die freie Stellung der Frau, nicht zuletzt durch den Einfluß von Luxus, Reichtum und politischen Intrigen, namentlich in den höheren stadtrömischen Gesellschaftskreisen oft in Ausschweifungen, Sittenlosigkeit und ein Überhandnehmen der Ehescheidungen bei gleichzeitigem Geburtenrückgang aus, ein Zustand, den uns die Gedichte des Martial und Iuvenal für die mittlere Kaiserzeit so drastisch schildern. Mit den augusteischen Ehegesetzen und späteren ähnlichen Verordnungen suchte der Staat diesem Übel abzuhelfen, wobei ihm allerdings wenig Erfolg

110 Aspekte des Familienlebens

beschieden war. Doch korrigiert eine Vielzahl von Grabinschriften mit einem Lob der Gattentreue das negative Bild, das die literarische Überlieferung von der Ehemoral zeichnet, für die mittleren und niederen Bevölkerungsschichten, denen die Inschriften zumeist zuzuordnen sind, durchaus zum Positiven.

Außer den S. 102 f. unter Familie genannten umfassenden Werken: F. F. A d c o c k , Women in Roman Life and Letters. Greece and Rome 14, 1945, 1 ff. J. P. V. D. B a l s d o n , Roman Women. Their History and Habits. London 1963. P. G r i m a l , La femme à Rome et dans la civilisation romaine. In: Histoire mondiale de la femme Bd I. Paris 1965.
Zur Ehe: Verlöbnis: H. K u p i s z e w s k i , Das Verlöbnis im altrömischen Recht. ZRG 77, 1960, 125 ff. D e r s ., Studien zum Verlöbnis im klassischen römischen Recht. I. ZRG 84, 1967, 70 ff. M. M ü h l , Anulus pronubus. Der Ursprung des römischen Verlobungsringes. Diss. iur. Erlangen—Nürnberg 1961. P. E. C o r b e t t , The Roman Law of Marriage. Oxford 1930. RE, s. v. Matrimonium (W. K u n k e l). E. V o l t e r r a , Matrimonio, diritto romano. In: Novissimo digesto italiano. Torino. 10, 1964, 330 ff. Der Kleine Pauly, s. v. Matrimonium (E. B u n d). Zum Konkubinat: P. M. M e y e r , Der römische Konkubinat. Leipzig 1895. J. P l a s s a r d , Le concubinat romain sous le Haut Empire. Toulouse 1921. B. R a w s o n , The Family Life among the Lower Classes at Rome in the First Two Centuries of the Empire. Class. Philol. 61, 1966, 71 ff. D e r s ., Roman Concubinage and Other De Facto Marriages. Transations American Philosoph. Association 104, 1974, 279 ff. Zu den augusteischen Ehegesetzen: P. C s i l l a g , Das Eherecht des augusteischen Zeitalters. Klio 50, 1968, 111 ff. M. H u m b e r t , Le remariage à Rome. Étude d'histoire juridique et sociale. Milano 1972 (Università di Roma. Pubblicazioni dell'Istituto di diritto romano e dei diritti dell'Oriente mediterraneo. 44.), S. 138 ff.
Zur Hochzeit: Noch nicht ersetzt ist die Arbeit von A. R o s s b a c h , Römische Hochzeits- und Ehedenkmäler. Leipzig 1871. Vgl. E. S a m - t e r , Familienfeste der Griechen und Römer. Berlin 1901, zum Brauch der drei Münzen daselbst 14 ff.
Die weitgehende soziale Gleichberechtigung der römischen Frau war schon, sogar noch ausgeprägter, bei den Etruskern üblich. Diese schlug sich auch in der Ausstattung der etruskischen Gräber nieder. Hierzu F. P r a y o n , Frühetruskische Grab- und Hausarchitektur. Heidelberg 1975 (RM Erg.-Heft. 22.), S. 112.

Römisch

d) Totenkult

Die Römer pflegten ein Totenzeremoniell, das sich in mancher Hinsicht, namentlich aber in einem größeren äußeren Aufwand von griechischem (athenischem) Totenbrauchtum der klassischen Zeit unterschied. Es begann, indem gleich nach erfolgtem Tode die Conclamatio stattfand, bei welcher die anwesenden Familienangehörigen den Verstorbenen mehrmals mit seinem Namen anredeten. Ein Weiterleben dieses Brauches findet sich übrigens bis heute im Totenzeremoniell beim Ableben eines Papstes, wenn der Camerlengo des päpstlichen Haushalts die Conclamatio durch dreimaliges Anrufen des toten Papstes mit seinem Geburtsnamen vollzieht. Zur festlichen Aufbahrung der Leiche wurden verschiedene Vorbereitungen getroffen, beginnend mit dem Waschen über das Behandeln mit Salben und in manchen Fällen auch Einbalsamieren zum Schutz vor Verwesung — konnte doch die Aufbahrung bei besonders hochstehenden Persönlichkeiten bis zu sieben Tagen dauern — bis zum Ankleiden und Schmücken des Leichnams, wobei Kleidung und Schmuck Bezug nahmen auf Stand und Ämter des Verstorbenen. Diese Tätigkeiten wurden von weiblichen Mitgliedern der Familie ausgeführt, später aber häufiger von dazu spezialisierten Angestellten (Pollinctores) eines Bestattungsunternehmens (Libitinarii). Während der Zeit der Aufbahrung des Toten auf einem Paradebett (Lectus funebris) fanden im Hause bestimmte Riten statt wie das Anzünden von Kerzen, Abbrennen von Weihrauch, Totenklagen mit Flötenbegleitung und die Totenwache.

Polybios hat uns in einer berühmten Schilderung (VI, 53) überliefert, wie nach der Aufbahrung das Leichenbegängnis bei Mitgliedern illustrer Familien zu seiner Zeit (2. Jh. v. Chr.) vonstatten ging. Der Tote wird in einem Leichenzug auf das Forum zu den Rostra, der Rednerbühne, geleitet und gut sichtbar, meist stehend, seltener liegend, aufgestellt. Dann hält sein Sohn oder ein anderer männlicher Verwandter die Laudatio funebris, die Leichenrede, in der die Taten und Tugenden des Verstorbenen wie auch der Familienahnen gerühmt werden. Den Leichenzug begleiten — und das ist das Bemerkenswerteste — auf einem Wagen Schauspieler, die mit den Porträtmasken der Ahnen des Verstorbenen sowie mit Kleidung und Würdezeichen angetan sind entsprechend den innegehabten Ämtern derselben. Während der Laudatio funebris bei den Rostra sitzen sie hier in einer Reihe auf kurulischen Stühlen, so daß die gerühmten Ahnen leiblich anwesend zu sein scheinen. Diese Porträtmasken, deren Bildnistreue Polybios besonders betont, wurden der Sitte gemäß nach dem Tode eines Familienmitgliedes im Atrium des

112   Aspekte des Familienlebens

Hauses in einem Schrein aufbewahrt und an Festtagen bekränzt. Aus anderen Quellen (Plinius, nat. hist. 35, 6) erfahren wir, daß es sich bei diesen Imagines maiorum um Wachsmasken handelte. In der modernen archäologischen Literatur werden sie oft fälschlich als Totenmasken, also als mechanische Abformungen vom Gesicht eines Verstorbenen, gedeutet und auch der bekannte veristische Stil spätrepublikanischer römischer Porträts hieraus abgeleitet. Wie nachgewiesen wurde, ist aber eine solche Auffassung unbegründet. Nach der Laudatio funebris wurde der Tote zum Begräbnisplatz außerhalb der Stadt gebracht und dort entweder verbrannt oder körper-bestattet. Körperbestattung und Verbrennung wurden zu allen Zeiten nebeneinander praktiziert, wobei allerdings die eine oder die andere Bestattungsart in einer bestimmten Epoche überwiegen konnte. So ließen sich von den bekannten Gentes beispielsweise die Cornelii während der Republik in einer Zeit überwiegender Totenverbrennung in Sarkophagen körperbestatten, was nicht nur literarisch überliefert (Cicero, leg. 2, 56 f.; Plinius, nat. hist. 7, 54, 187), sondern auch archäologisch, zunächst für die Cornelii Scipiones, dann auch für andere Cornelii nachgewiesen werden konnte. Andererseits wird mit dem frühen 2. Jh. n. Chr. die Körperbestattung immer häufiger angewandt, womit auch eine steigende Sarkophagproduktion einsetzt. Die Leichenverbrennung erfolgte auf einem Scheiterhaufen, der selbst wieder schmuckvoll ausgestaltet sein konnte. Während der Verbrennung fanden nochmals Totenklagen statt. Nachher wurden die Gebeine mit Milch und Wein übergossen und in einer Urne geborgen, die man dann in das Grab überführte. Über Riten bei der Körperbestattung im Grab liegen antike Nachrichten nicht vor, doch haben Ausgrabungen in vielen Fällen z. T. reiche Beigaben erbracht. Das von Polybios geschilderte Leichenbegängnis war freilich nur den gehobenen Kreisen der römischen Gesellschaft vorbehalten, auch in Hinsicht auf die großen finanziellen Aufwendungen, die hierzu erforderlich waren. Den extremen Gegensatz zu diesen überreichen Begräbnissen bildeten Massengräber der ärmeren Bevölkerung, wie sie in Form von Schächten, in die die Leichen einfach hineingeworfen wurden, in republikanischer Zeit auf dem Esquilin angelegt wurden. Der Wunsch nach einem würdigeren Begräbnis ließ mit der Zeit zahlreiche Begräbnisvereine (Collegia funeraticia) entstehen, die für einen bestimmten monatlich einzuzahlenden Betrag ihren Mitgliedern ein angemessenes Leichenbegängnis sowie einen Einzelplatz in einem Gemeinschaftsgrab garantierten.

Hinsichtlich der Grabformen läßt sich eine große Mannigfaltigkeit feststellen nicht nur bei Gräbern verschiedener Zeiten und Landschaften, sondern bereits unter zeitgleichen Gräbern der gleichen Region.

Römisch   113

Schon das Zwölftafelgesetz hatte das Bestatten der Toten innerhalb der
Stadtgrenzen verboten. So wurden im Zuge dieser Maßnahme viele
Gräber vor den Toren der Stadt entlang der großen Ausfallstraßen an-
gelegt. Die bekannteste dieser Gräberstraßen ist der Trakt der Via
Appia vor Rom; dagegen noch besser erhalten in ihren Monumenten ist
die Gräberstraße vor dem Herculanenser Tor in Pompeji, die in der
Vielfalt der verschiedenen Grabarchitekturen viele der geläufigen
Typen monumentaler Gräber der späten Republik und namentlich frühen Kaiserzeit veranschaulicht. Allgemein läßt sich sagen, daß in dieser
Zeit die Gräber als architektonische Monumentalbauten für eine Einzel-
person oder nur wenige Familienangehörige angelegt werden oder als
architektonisch weniger monumental wirkende, meist unterirdische
Räume zur Aufnahme einer Vielzahl von Aschenurnen. In die Gruppe
der monumentalen Grabbauten gehören beispielsweise große zylin-
drische Gräber, die sich ihrerseits offenbar von etruskischen Tumuli
herleiten (Beispiel: Grab der Caecilia Metella an der Via Appia), turm-
förmige Gräber (Beispiel: die 'Conocchia' bei Capua), Gräber in Form
großer auf Basen stehender Altäre (Beispiel: Grab des M. Porcius in
Pompeji) oder Monumente in Form großer halbrunder Sitzbänke (Beispiel: Grab der Mamia in Pompeji). Daneben gab es auch individuelle
Grabformen; erinnert sei an das Grab des Bäckers Eurysaces in Rom
oder an die Pyramide des Cestius. Gemeinsam ist diesen Gräbern, daß
die eigentliche Grabkammer zur Aufnahme der Aschenurne innerhalb
der Architektur eine untergeordnete Bedeutung hat oder sogar fehlt,
indem das Grab über der eingegrabenen Urne erbaut ist. Im Gegensatz
dazu besteht das Charakteristikum der Gruppe der unterirdischen
Grabanlagen in einer möglichst intensiven Ausnutzung des zur Verfügung stehenden Raumes für die Aschenurnen, wobei in den Wänden
dicht an dicht kleine Nischen angelegt sind. Diese einem Taubenschlag
verglichenen und deshalb Columbarien genannten Gräber konnten bis
zu 700 Urnen enthalten (Taf. XIV, Abb. 26). Bei den hier Bestatteten
handelt es sich meist um Angehörige der ärmeren Bevölkerungsschichten,
Sklaven oder Freigelassene, die entweder auf Grund der Zugehörigkeit
zu einer ein Columbarium besitzenden Familie oder wegen ihrer Mit-
gliedschaft zu einem Begräbnisverein das Recht auf einen Bestattungs-
platz hatten. Im 2. Jh. n. Chr. traten zu den bereits bestehenden Formen hausartige Grabbauten, wie sie etwa auf der Isola Sacra bei Ostia
gut erhalten sind, auf, in denen neben Aschenurnen jetzt auch immer
häufiger Körperbestattungen, oft in Sarkophagen, anzutreffen sind. Als
Massenbegräbnisplätze für Körperbestattungen lösen die Katakomben
die für Brandbestattungen eingerichteten Columbarien ab, und zwar

114   Aspekte des Familienlebens

zunächst nicht ausschließlich als christliche Begräbnisstätten. Neben
diesen mehr oder weniger architektonisch ausgestalteten Grabanlagen
gab es zu allen Zeiten Erdgräber, in die man die Urne oder den Leichnam einsenkte. Auch innerhalb dieser Kategorie lassen sich verschiedene
Ausgestaltungsmöglichkeiten beobachten, die von einer einfachen Zie-
gelabdeckung der Urne oder des Leichnams, der Verwendung von
Amphoren als Aschenbehälter oder Särge bis zu sarkophagartigen
Steinkisten und Holzsärgen reichen. Äußerlich waren die ärmsten
dieser Gräber oft nur durch eine senkrecht in den Boden eingesetzte
Amphore gekennzeichnet; meist stand jedoch auf dem Grab ein Grab-
stein, der mit dem Namen des Toten versehen war, aber auch weitere
inschriftliche Angaben sowie figürlichen Schmuck tragen konnte. Bei
dieser Denkmälergattung ist ein besonders großer Formenreichtum
anzutreffen, der auch zahlreiche lokal begrenzte Sonderformen umfaßt. Wie die Monumentalgräber auf genau abgegrenzten Parzellen
errichtet waren, so lagen auch die Erdgräber, besonders wenn es sich um
mehrere der gleichen Familie handelte, oft in einem von anderen Gräbern abgegrenzten, umfriedeten Bezirk, der seinerseits wieder eine architektonische Ausgestaltung erfahren konnte. Vielfach sind Inschriften
mit der Flächenangabe der Grabparzellen erhalten wie auch solche, die
vor Grabschändung und -veräußerung warnen.

Nach den Vorschriften des Totenkultes fand nach der Beisetzung am
Grabe ein Totenmahl, das Silicernium, sowie ein Schweineopfer an
Ceres statt, während zu Hause den Laren ein Hammel dargebracht
wurde. Ein erneutes Leichenmahl mit Spenden für den Toten vereinigte
die Trauernden nach neun Tagen wieder am Grabe. An den jährlichen
neuntägigen Totenfeiern im Februar, den Parentalia, wurden den Verstorbenen kleine Gaben wie Früchte, in Wein geweichtes Brot und Blumen an die Gräber gestellt. Auch war es Sitte, den Toten an ihren
Geburtstagen zu opfern.

Das weite Feld des römischen Totenkultes und Gräberwesens behandelt
zusammenfassend J. M. C. T o y n b e e , Death and Burial in the Roman
World. London 1971. Für die rechtlichen Aspekte: F. de V i s s c h e r ,
Le droit des tombeaux romains. Milano 1963. Zu den Collegia funeraticia: T. S c h i e s s , Die römischen Collegia funeraticia nach den Inschriften. München 1888. J.-P. W a l t z i n g , Étude historique sur les corpora-
tions professionnelles chez les Romains. Louvain 1895—1900. Bd I,
S. 256 ff. F. M. D e R o b e r t i s , Storia delle corporazioni e del regime
associativo nel mondo romano. Bari o. J. (um 1972). Bd I, S. 275 ff.
In der Frage der Abhängigkeit der römischen spätrepublikanischen Porträts von den Imagines maiorum als vermeintlichen Totenmasken wirkte
klärend F. B r o m m e r , Zu den römischen Ahnenbildern. RM 60/61,

Römisch 115

1953/54, 163 ff. Zu den Bestattungen der Cornelier: V. S a l a d i n o , Der Sarkophag des Lucius Cornelius Scipio Barbatus. Würzburg 1970. (Beiträge zur Archäologie. 1.) F. C o a r e l l i , Il sepolcro degli Scipioni. Dialoghi di archeologia 6, 1972, 36 ff. H. B l a n c k , Zwei Corneliersarkophage. RM 73/74, 1966/67, 72 ff. Zur Inhumationssitte im 2. Jh. n. Chr.: R. T u r c a n , Origines et sens de l'inhumation à l'époque impérial. REA 60, 1958, 323 ff. Zu den Gräbern an der Via Appia: Noch nicht ersetzt L. C a n i n a , La prima parte della Via Appia. Descritta e dimostrata con i monumenti superstiti. 2 Bde. Roma 1853. Vgl. auch G. M. d e R o s s i , I monumenti dell'Appia da Porta S. Sebastiano alle Frattocchie. Capitolium 43, 1968, 307 ff. L. Q u i l i c i , La valle della Caffarella e il Triopio di Erode Attico. Capitolium 43, 1968, 329 ff. Zu den Gräbern Pompejis: A. M a u , Pompeji in Leben und Kunst. 2. Aufl. 1908, S. 425 ff. A. d e F r a n c i s - c i s , R. Pane, Mausolei romani in Campania. Napoli 1957. (Istituto di storia dell'architettura. Università degli Studi di Napoli. 1.) Zum Grab des Eurysaces: P. C i a n c i o R o s s e t t o , Il sepolcro del fornaio Marco Virgilio Eurisace a Porta Maggiore. Roma 1973. (I Monumenti romani. 5.). Zur Cestiuspyramide: F. S a n g u i n e t t i , La piramide di Caio Cestio e il suo restauro. Palladio 11, 1961, 165 ff. Zu den Columbarien: Enciclopedia dell'arte antica, s. v. Colombario (F. G r a n a , G. M a t t h i a e), mit weiterer Literatur. Zu den Katakomben: Enciclopedia dell'arte antica, s. v. Catacombe (Red.), mit umfassender Bibliographie. Gräber in Isola Sacra: G. C a l z a , Il sepolcreto del porto di Roma. Roma 1932, daselbst auch Beispiele für Erdgräber. Zum Totenkult: K. L a t t e , Römische Religionsgeschichte. München 1960 (Handbuch der Altertumswissenschaft. 5, 4.), S. 98 ff.

e) Haussklaven

Die Kriege der Römer während der letzten beiden Jahrhunderte der Republik brachten große Mengen von Kriegsgefangenen, namentlich aus der hellenistisch-griechischen Welt, auf den italischen Sklavenmarkt, so daß die Sklaven hier zu einer Massenware wurden. Dieses große Angebot führte einerseits zu einer recht harten, oft unhumanen Behandlungsweise der Sklaven, vor allem derjenigen auf den landwirtschaftlichen Gütern, wo nun Sklaven in größtem Umfang eingesetzt wurden. Andererseits hatte es eine weitgehende Spezialisierung der Sklaven im Hinblick auf die verschiedensten Tätigkeiten zur Folge, und dies galt besonders für die in den städtischen Haushalten tätigen. Die Gesamtheit der Sklaven bildete hier die Familia urbana, während die auf dem Lande arbeitenden Sklaven desselben Besitzers im Unterschied dazu zur Familia rustica zusammengefaßt waren. Eine Schar von 10 Sklaven für eine Person von gesellschaftlichem Ansehen wurde für gering geachtet; sie konnte bis zu 200 Sklaven umfassen (vgl. Horaz, sat. 1, 3). Was nun die Tätigkeiten betrifft, so hören wir von Köchen (Coquus, der erste unter ihnen führte oft die griechische Bezeichnung Archimagirus), Einkäufern (Obsonatores), Kammerdienern (Cubicularii), Masseuren (Unctores), Barbieren (Tonsores), Servierern (Structores), Sänftenträgern (Lectiarii), Garderobenaufsehern (Vestiarii) usw. An der Spitze dieser Hausklaven stand meist der Atriensis, der Hausverwalter, welcher von einem Vicarius vertreten werden konnte. Daneben hielt sich, wer die nötigen Mittel und Bedarf hatte, auch Sklaven für intellektuelle Dienste, so Schreiber, Sekretäre, Vorleser, Pädagogen, Bibliothekare usw. Gerade Sklaven dieser Tätigkeitsbereiche konnten zu engen Vertrauenspersonen ihres Herrn aufsteigen. Eine große Sklavenschar steigerte natürlich das Prestige, und so legte man auf gutes Aussehen in Kleidung und äußerer Pflege der Sklaven oft übertrieben großen Wert. Eine spezifische Sklaventracht gab es übrigens nicht.

Die Behandlung der Sklaven, die im Einzelfall nicht unwesentlich vom Charakter und Temperament des Herrn sowie dem Betragen der Sklaven selbst abhängig war, wurde im Laufe der Kaiserzeit im allgemeinen humaner, nicht zuletzt aus der Tatsache heraus, daß nun die Sklavenmärkte nicht mehr in dem Maße wie früher mit Kriegsgefangenen aufgefüllt wurden. Um so größere Bedeutung erhielt jetzt die Aufzucht von in der Familie geborenen Sklaven, den Vernae, die man von früh an durch entsprechende Anleitung und auch Schulbesuch gezielt für ihre speziellen Aufgaben heranbildete.

Innerhalb der großen Familien konnten sich die Sklaven in Collegien zusammenschließen. Die Organisation dieser Collegien war hierarchisch und mit Ämtern wie die eines Quaestors, Tribuns, Triumvirn durchaus den staatlichen Organisationen nachgebildet (vgl. CIL VI 9290).

Für die äußerst umfangreiche Literatur zur römischen Sklaverei sei verwiesen auf Bibliographie zur antiken Sklaverei. Hrsg. von J. V o g t . Bochum 1971. Als zusammenfassende Darstellung sei genannt: J. S c h m i d t , Vie et mort des esclaves dans la Rome antique. Paris 1973. Eine gute zusammenfassende Darstellung der Tätigkeit und Situation der römischen Hausklaven gibt E. M. S t a e r m a n , Die Blütezeit der Sklavenwirtschaft in der römischen Republik. Wiesbaden 1969 (Übersetzungen ausländischer Arbeiten zur antiken Sklaverei in Zusammenarbeit mit der Kommission für Geschichte des Altertums der Akademie der Wissenschaften und der Literatur hrsg. von H. Bräuer und J. Vogt. 2.), S. 128 ff. Zu Sklaven in Vertrauensstellungen und geistigen Berufen: J. V o g t , Skla-

Römisch 117

verei und Humanität. Studien zur antiken Sklaverei und ihrer Erforschung. 2. Erw. Aufl. Wiesbaden 1972 (Historia. Einzelschriften. 8.), S. 69 ff. Zur Schulausbildung der Sklaven: J. V o g t , Alphabet für Freie und Sklaven. Zum sozialen Aspekt des antiken Elementarunterrichts. Rhein. Museum für Philol. 116, 1973, 129 ff.

Zu den Lebensbedingungen und zur Behandlung der Sklaven: W. L. W e s t e r m a n n , The Slave Systems of Greek and Roman Antiquity. Philadelphia 1955 (Memoirs of the American Philosoph. Soc. 40.), S. 102 ff.

Anhang

MONOGRAPHISCHE DARSTELLUNGEN DES PRIVAT- UND ALLTAGSLEBENS DER GRIECHEN UND RÖMER
(Auswahl)

A. Umfassend

E. Guhl, W. Koner, Das Leben der Griechen und Römer nach antiken Bildwerken dargestellt. Berlin 1862.

Th. Schreiber, Kulturhistorischer Bilderatlas. I. Altertum. Leipzig 1885. Textbuch von K. B. Leipzig 1888.

M. Zöller, Griechische und römische Privatalterthümer. Breslau 1887.

R. Opitz, Das häusliche Leben der Griechen und Römer. Leipzig 1894.

British Museum. A Guide to the Exhibition Illustrating Greek and Roman Life. London 1908.

E. Pernice, Griechisches und römisches Privatleben. In: Einleitung in die Altertumswissenschaft. Hrsg. von A. Gercke, E. Norden. Bd 2. 3. Aufl. Leipzig, Berlin 1922. S. 1—82.

The Metropolitan Museum of Art. The Daily Life of the Greeks and Romans as Illustrated in the Classical Collections. By H. McClees. New York 1924.

B. Griechisch

W. A. Becker, Charikles. Bilder griechischer Sitte zur genauen Kenntniß des griechischen Privatlebens. Neu bearbeitet von H. Göll. 3 Bde. Berlin 1877/78.

K. F. Hermann, Lehrbuch der griechischen Antiquitäten. Bd. IV. Privataltertümer. 3. und verbesserte Aufl. hrsg. von H. Blümner. Freiburg i. Br., Tübingen 1882.

I. Müller, Die griechischen Altertümer. Die Privataltertümer. 2. Aufl. München 1892. (Handbuch der Klassischen Altertumswissenschaft. Hrsg. von I. Müller. IV, 1. 3.).

W. S. Davis, A Day in Old Athens. A Picture of Athenian Life. Boston 1914.

E. Ziebarth, Kulturbilder aus griechischen Städten. 3. Aufl. Leipzig 1919 (Aus Natur und Geisteswelt. 131.)

H. Licht, Sittengeschichte Griechenlands. 2 Bde. + Erg.-Bd. Dresden, Zürich 1925.

Ch. Picard, La vie privée dans la Grèce classique. Paris 1930.

C. E. Robinson, Everyday Life in Ancient Greece. Oxford 1936.

R. Flacelière, La vie quotidienne en Grèce au siècle de Périclès. Paris 1959.

120   Anhang

A. Roveri, La vita familiare nella Grecia antica. In: Enciclopedia classica. Sez. I, vol. III. Torino 1959, S. 379—477.

F. Chamoux, La civilisation grecque à l'époque archaique et classique. Paris 1963. (Deutsch: Griechische Kulturgeschichte. München, Zürich 1966).

M. A. Levi, La Grecia antica. Torino 1963. (Società e costume. 1.).

Archaeologia Homerica. Die Denkmäler und das frühgriechische Epos. Im Auftr. des Deutschen Archäologischen Instituts hrsg. von F. Matz und H.-G. Buchholz. Göttingen 1967 ff.

C. Schneider, Kulturgeschichte des Hellenismus. 2 Bde. München 1967—69.

C. Römisch

J. R. D'Arnay, De la vie privée des Romains. Paris 1760.

J. H. L. Meierotto, Über Sitten und Lebensart der Römer in verschiedenen Zeiten der Republik. 3. Aufl., besorgt von Ph. Buttmann. Berlin 1814.

C. T. Schuch, Privatalterthümer, oder wissenschaftliches, religiöses und häusliches Leben der Römer. Karlsruhe 1842.

W. A. Becker, Gallus oder römische Scenen aus der Zeit Augusts. Zur genaueren Kenntnis des römischen Privatlebens. Neu bearbeitet von H. Göll. 3 Bde. Berlin 1880—82.

J. Marquardt, Th. Mommsen, Handbuch der römischen Alterthümer. Bd VII. Das Privatleben der Römer. 2. Aufl. besorgt von A. Mau. Leipzig 1886.

H. Blümner, Die römischen Privataltertümer. München 1911. (Handbuch der klassischen Altertumswissenschaft. Hrsg. von I. Müller. IV, 2, 2.).

G. Grupp, Kulturgeschichte der römischen Kaiserzeit. I. Teil. Die untergehende heidnische Kultur. 3. Aufl. Regensburg 1921.

L. Friedländer, Darstellungen aus der Sittengeschichte Roms in der Zeit von Augustus bis zum Ausgang der Antonine. 10. Aufl. besorgt von G. Wissowa. 4 Bde. Leipzig 1921—22.

J. Carcopino, La vie quotidienne à Rome à l'apogée de l'Empire. Paris 1939.

U. E. Paoli, Vita Romana. Notizie di antichità private. 2. Aufl. Firenze 1941.

Ders., Urbs. Aspetti di vita romana antica. Firenze 1942.

M. Borda, Lares. La vita familiare romana nei documenti archeologici e letterari. Città del Vaticano 1947. (Collezione „Amici delle Catacombe". 11.).

P. Grimal, La vie à Rome dans l'Antiquité. Paris 1953.

U. Kahrstedt, Kulturgeschichte der römischen Kaiserzeit. 2. Aufl. Bern 1958.

P. Grimal, La civilisation romaine. Paris 1960. (Deutsch: Römische Kulturgeschichte. München, Zürich 1961.).

M. A. Levi, Roma antica. Torino 1963. (Società e costume. 2.).

J. P. V. D. Balsdon, Life and Leisure in Ancient Rome. London 1969.

I. Linfert-Reich, Römisches Alltagsleben in Köln. Köln 1975.

ORTS- UND SACHREGISTER

Acquarossa 38
Adgnati 102
Agaleos-Berg ('Dema'-Haus) 18. 24
Ägypten 25. 45. 47. 104
Ahnenbilder 31. 111 f.
Alae 31
Amis 24
Ammen 100. 104
Amphidromia 90
Amphithalamos 21
Amulette 59. 71. 103
Anaklisis 26
Andron 16. 20
Andronitis 20
Anthesterien 90. 98
Anuli 71
Apaturien 90
Apicius, Kochbuch des 78. 84
Aponimma 98
Apoptygma 48
Arca 31
Archäologie 12 f.
Armillae 71
Armschmuck 58. 71
Artemis Brauronia 46 f. 52
Asamanthos 24
Athen 16. 22. 24. 40. 46. 80 ff. 88 ff.
  100
Atriensis 116
Atrium 30 ff. 36
Aufbahrung der Toten 96. 111

Bad, kultisches 93
Badewanne 24
Badezimmer 21. 24
Balkons 35
Balteus 64
Barbiere 61. 76. 116

Barttracht 61 f. 73 ff.
Bauabrechnungen, als Quellen 10
Bauernhäuser 14. 18. 29
Berytos 105
Bett s. Kline
Bibliothek 20
Bienenkörbe 29
Birrus 66
Braccae 66
Brachialia 71
Briefe, als Quellen 7 f.
Brot 79 f. 83. 86
Brunnen, -häuser 24. 28. 34. 39 f.
Bulla 71. 103. 106

Calceus 69
Calculator 104
Caldarium 40
Caligae 69
Campagi 70
Campanien 36. 83
Capua 113
Carbatinae 69 f.
Cartibulum 31
Cena 85 f.
Cenaculum 33
Cerveteri 38
Chiton 49 ff. 65
Chlamys 50 f. 65
Choenfest 90
Clientes 102
Coae vestes 52
Collegia funeraticia 112
Columbarien 113
Coma in gradus formata 73
Compluvium 31
Conclamatio 111
Concubinatus 107

Orts- und Sachregister

Confarreatio 107
Contabulatio 64
Controversiae 105
Conubium 106 f.
Cosa 34
Crustae 41
Cubicula 31
Cucullus 66. 68
Cuicul 36

Dalmatica 65
Daphne b. Antiochia 41. 86
Decken 26
Defrutum 85
Delos 19 f. 24. 29. 40. 46. 78 f.
Demographie 9 f.
Dextrarum iunctio 108
Diaiteria 16
Dies lustricus 104
Diphros 26
Diptychon 8
Divortium 107
Domus 30 ff.

Ehe 93 ff. 106 ff.
Ehescheidung 107 f. 109
Ekdosis 93
Ekphora 96 f.
Embas 57
Enata 98
Endromis 57
Engyesis 93
Epaulia 93
Epheben 92
Ephesos 37. 40
Epikleros 89
Epinetron 29
Equilia 21
Erziehung 90 ff. 104 ff.
Eschara 24
Euripus 34
Exedra 24
Exomis 50

Fäkalientopf 24

Familie 88 ff. 101 ff.
Fauces 31
Fenster 23 f. 35
Fibeln 47 f. 50 f. 58. 65. 70
Fingerringe 58. 71. 108
Fische 80 ff. 83 f. 86
Flammeum 108
Fleischnahrung 80. 84 ff.
Frauengemächer s. Gynaikonitis
Frigidarium 40

Gagat 72
Gärten 33 f. 39. 80. 84
Garum 84
Gästezimmer 22.
Geburtsanmeldung 90. 104
Geflügel 84
Geldkiste 31
Gelduba a. Niederrhein 84
Gemüse 84
Genos 88
Gens 102. 112
Geschichtsschreibung, als Quelle 5
Getreide 79. 81. 85
Gewandnadeln 48. 50. 52. 58
Glasgefäße 41
Glires 84
Gortyn, Stadtrecht 10
Gräber 98 f. 112 ff.
Grabinschriften 9 f. 110. 114
Graffiti, als Quelle 8 f.
Grammaticus 105
Gynaikonitis 16. 21. 92. 95

Haselmäuse 84
Halsschmuck 58. 71
Heizung 24 f. 40
Herculaneum 13. 71
Herdhäuser 24 f.
Hermokopiden-Inschriften 10. 14. 25.
   78
Himation 50. 53. 54. 66
Hochzeit 93 ff. 108 f.
Hortus 33 f. 83
Hosen 66

Orts- und Sachregister

Hospitale 22
Hüte 54 f. 68
Hypokausten 40

Impluvium 31
Inkrustation 41
Inschriften, als Quelle 9 ff.
Instita 65
Insula 34 f.

Katachysmata 93
Katakomben 113
Kausia 54. 68
Kerameikos 98
Kibotos 26
Kieselmosaiken 16 ff. 28
Kind 89 ff. 103 ff.
Kindesaussetzung 89. 101
Kissen 26
Kleros 89
Kline 16. 25. 41
Kneipen 85
Knephalon 26
Kochbücher 78. 84
Köche 78. 80 f. 116
Kochtöpfe 29. 79
Kohlebecken 24. 85
Köln 37
Komödien, als Quelle 4 f.
Kopfbedeckungen 54 f. 68
Kothurn 56
Krepides 56
Kreta 15
Krobylos 60
Küchen 16. 33. 85
Kuriotis 92
Kykeon 80
Kylikeion 26
Kyrios 88. 93. 102

Lacerna 65
Lares 102. 106. 108 f.
Larnax 26
Latrinen 24. 33. 39 f.
Laudatio funebris 109. 111

Lebenshaltungskosten 9 f.
Lectus funebris 111
Lectus genialis 33
Leder 47
Lemnos 15
Lex Oppia 46. 70
Libitinarius 111
Ludus litterarius 104
Lutrophoren 93. 98 f.

Maeniana 35
Magdalensberg i. Kärnten 40
Mageiros 78. 116
Manus-Ehe 101. 107. 109
Marzabotto 38
Matrimonium iustum 106
Matten 26
Maza 80. 83
Megaron 15
Miasma 96
Mietshäuser, -wohnungen 22. 34 ff.
Milch 80. 112
Mitra 55
Möbel 25 ff. 41
Mosaiken 16 ff. 28. 41. 79. 86
Mulsum 85
Mystax 62

Nahrungsmittelspenden 85
Namensgebung 90. 103 f. 107
Notarius 104

Obst 80. 82. 84
Oecus 21. 33
Öfen 24
Ohrschmuck 58. 71
Oikiai 22
Oikos asarotos 79
Olynth 14 ff. 29
Opus sectile 41
Ostia 14. 34 ff. 85. 113

Paenula 65
Paidagogos 90. 100. 104. 116
Palla, pallium 66. 108

Papyri, als Quelle 7 f.
Parentalia 114
Pastas 15. 18
Pater familias 101 ff. 107
Patria potestas 101 ff. 107
Patronus 102
Pazyryk i. Sibirien 26
Peplos 48 f. 52 f.
Perirrhanteria 24
Periskelidia 58
Peristyl 16. 19 ff. 33 f. 37
Pero 69
Peronai 48
Perücken 76
Petasos 54. 68
Phratria 88. 90
Pilleus 68
Pilos 54. 68
Pinakothek 21
Pithoi 29
Pollinctores 111
Polos 54 f.
Pompeji 8 f. 13. 14. 30 ff. 39 ff. 71.
   79. 84. 113
Popinae 85
Postica 33
Praeneste 71. 73
Preisedikt d. Diocletian 10. 79
Priene 14
Pronuba 108
Prosknephaleion 26
Prostas 15
Prothesis 96
Psiathos 26
Pubertas 106
Puls 83

Repudium 107
Rhetoren 91. 105
Rhodos 105
Rom 30. 34 f. 40. 64. 71. 83. 111 ff.

Samos 46
Sandalen 56 f. 68 f.
Sarkophage 45. 108. 113 f.

Schemel 26
Schenkelbänder 58
Schlafzimmer 16. 21. 31
Schräges Mäntelchen 50
Schuhe 55 ff. 68 ff.
Schule 90 ff. 104 ff.
Seide 52. 65
Silicernium 114
Simpelveld 42
Siser 84
Sizilien 63. 81
Skeuotheke 26
Sklaven 90. 100. 101. 104. 115 f.
Smyrna 22. 24
Soleae 69
Sphenopogon 62
Spinnwirtel 29
Spondyloi 29
Sportula 102
Springbrunnen 34
Stall 21
Stephane hypsele 55
Stellung der Frau 93 ff. 109 f.
Stiefel 56 f.
Stilleben 41. 79
Stola 64 f.
Stuhl 26
Suasoriae 105
Südrußland 25. 47. 59
Synoikiai 22

Tabernae 35
Tablinum 31 ff.
Tabulae ceratae 8 f.
Tafelsilber 13. 41. 86
Tanagra 46
Tarent 59
Tempelinventare 10. 46. 52. 58
Tepidarium 40
Teppiche 26 f.
Terra sigillata 13. 41
Thalamos 21
Thermen 39 f. 109
Tholia 55
Threnos 26

Orts- und Sachregister

Thronos 26
Tierzucht 84
Tirocinium fori 106
Tische 25. 86
Toga 45. 63 ff. 68. 106. 108
Toilettenräume s. Latrinen
Tonsor 76. 116
Totenkult 96 ff. 111 ff.
Triclinium 25. 33 f.
Truhen 26
Tunica 65. 108
Tutulus 108

Umbo 64

Vari i. Attika 18. 29
Vasen, Vasenbilder 12. 28 f. 45. 90.
 93. 98
Velleia 10

Verlöbnis 108
Vestes bombycinae 52
Vestibulum 31
Villa 36
Viridarium 34
Volubilis 36
Vorratsräume 16

Wandmalerei 5. 12. 18. 41 f. 45. 79
Warenpreise 8. 10
Wasserversorgung 15. 24. 31. 34. 39 f.
Wein 80. 82. 84 f.
Weinamphoren 29. 82
Wild 84

Xeira 51

Zisternen 24. 31
Zwölftafelgesetz 70. 113

ABBILDUNGEN

TAFEL I

Abb. 1: Frauen beim Bade am Perirrhanterion. Vasenbild.
München, Antikensammlungen.

TAFEL II

Abb. 2: Wohnhaus in Ostia (Casa di Giove e Ganimede), Modell. Foto Alinari.

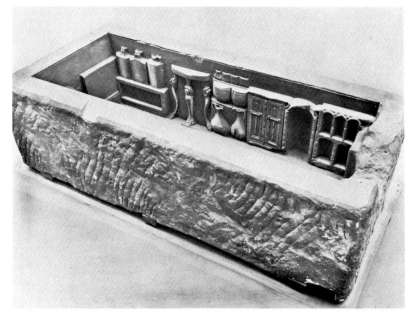

Abb. 3 u. 4: Sarkophag von Simpelveld. Leiden, Rijksmuseum van Oudheden.
Foto Alinari. Museumsfoto.

TAFEL III

Abb. 5: Polyneikes in kurzem Chiton, Eriphyle in offenem Peplos. Vasenbild. Lecce, Mus. Prov.

Abb. 7: Fischer mit 'Exomis' und Pilos. Terrakotte. Paris, Louvre, Myr. 330. Photo Chuzeville.

Abb. 6: Mänade in weitem Chiton. Vasenbild (Ausschnitt).
Paris, Cab. des Medailles.

TAFEL IV

Abb. 8: Nymphe Himera in archaischem 'schrägen' Mäntelchen. Münze von Himera. (Nach Jenkins-Küthmann, Münzen d. Griechen, 376.).

Abb. 9: Frau mit Himation und Sonnenhut. Terrakotte. Berlin, Staatl. Mus.

Abb. 10: Knabe mit Chlamys und Kausia. Terrakotte. New York, Metr. Mus. (Nach D. Burr Thompson, Troy, suppl. Mon. III, Taf. LXI d.).

TAFEL V

Abb. 11: Ödipus als Wanderer mit Chlamys, Petasos und Kredipes. Vasenbild, Vatican. Mus.

Abb. 12: Tönerne Schuhmodelle aus geometrischem Grab auf der Athener Agora. Athen, Agora.

TAFEL VI

Abb. 13: Knabe in Toga mit Bulla.
Parma Mus. Naz. Inst.-Neg. 67, 1587.

Abb. 14: Figuren in Paenula,
Lacerna und Toga.
Anaglypha Traiani.
Rom, Forum Romanum.
Inst.-Neg. 68, 5311.

TAFEL VII

Abb. 15: Weibl. Kopf.
Palestrina, Mus. Archeol.
Prenestino.

Abb. 16: Frauenkopf mit Perücke. Röm. Sarkophag.
Frankfurt a. M., Liebighaus. Inst.-Neg. 63, 2116.

TAFEL VIII

Abb. 17: Nahrungsmittel aus Pompeji. Napoli, Mus. Naz. Foto Alinari.

TAFEL IX

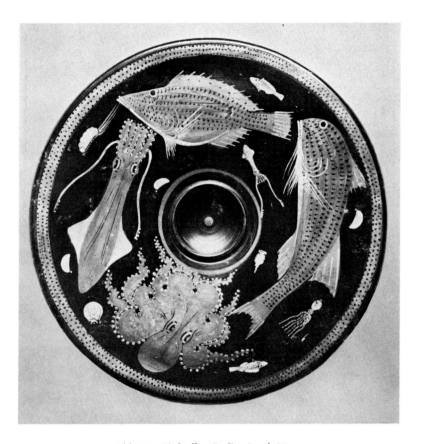

Abb. 18: Fischteller. Berlin, Staatl. Mus.

TAFEL X

Abb. 19: Speisefolge. Mosaik aus dem 'House of the Buffet-Supper', Daphne bei Antiochia. Nach Levi, Antioch Mosaic Pavements, Taf. XXIV.

TAFEL XI

Abb. 20: Lutrophoros mit Hochzeitszug.
Toronto, Royal Ontario Museum (929.22.3).

TAFEL XII

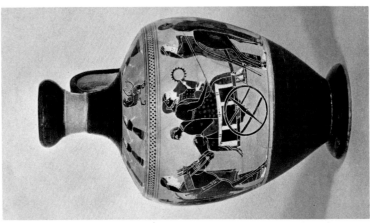

Abb. 21—23: Hochzeitszug. Attische Lekythos des Amasis-Malers. New York, Metrop. Mus. 56. 11. 1. Walter C. Baker Gift. Museumsfotos.

TAFEL XIII

Abb. 24: Opfer am Grab. Bild einer weißgrundigen Lekythos. Athen, Nationalmuseum.

Abb. 25: Rom. Sarkophag mit Hochzeitsszene (dextrarum iunctio). Rom, S. Lorenzo f. l. m. Inst.-Neg. 57, 320.

TAFEL XIV

Abb. 26: Columbarium. Rom Vigna Codini. Foto Anderson.